C.H.BECK WISSEN

Als Kathedrale, Meisterwerk gotischer Architektur, kunsthistorische Sehenswürdigkeit und historisch bedeutsames Nationalmonument, das während der französischen Revolution geplündert und später in Literatur und Film verewigt wurde, zählt Notre-Dame zum Weltkulturerbe der Unesco und zieht jedes Jahr etwa 13 Millionen Touristen an. Der Brand im April 2019 löste nicht nur in Frankreich, sondern auf der ganzen Welt große Bestürzung aus. Thomas W. Gaehtgens erzählt im vorliegenden Band eindrucksvoll die Geschichte dieses wichtigen kulturellen, politischen und religiösen Erinnerungsortes.

Thomas W. Gaehtgens war Gründungsdirektor des Deutschen Forums für Kunstgeschichte in Paris und langjähriger Leiter des Getty Research Institutes in Los Angeles. Zuvor lehrte er Kunstgeschichte an der FU Berlin. Bei C.H.Beck ist von ihm erschienen: *Die brennende Kathedrale. Eine Geschichte aus dem Ersten Weltkrieg* (2018).

Thomas W. Gaehtgens

NOTRE-DAME

C.H.Beck

Mit 43 Abbildungen, davon 17 in Farbe

Vordere Umschlaginnenseite:
Plan von Paris (Truschet/Hoyau), um 1550,
Ausschnitt mit der Île de la Cité

Hintere Umschlaginnenseite:
Plan von Paris (Plan Turgot), 1734–1736,
Ausschnitt mit der Île de la Cité

Originalausgabe

www.chbeck.de
Reihengestaltung Umschlag: Uwe Göbel (Original 1995, mit Logo),
Marion Blomeyer (Überarbeitung 2018)
Umschlagabbildung: Notre-Dame (Westfassade), Paris, 1905,
© akg-images
Satz: Fotosatz Amann, Memmingen
Druck und Bindung: Druckerei C.H.Beck, Nördlingen
Printed in Germany
ISBN 978 3 406 75048 9

Inhalt

Vorwort

Das lodernde Feuer des Daches der Kathedrale Notre-Dame in Paris, durch die Bildmedien im April 2019 verbreitet, wurde mit großem Schrecken in der ganzen Welt wahrgenommen. Warum löste der Brand solche Emotionen aus? 13 Millionen Besucher zieht das Gotteshaus jährlich an, mehr als der Eiffelturm und der Louvre. Warum kommen sie? Was macht die Besonderheit dieser Kirche aus? Vor allem aber, was wissen sie über Notre-Dame?

Diese Fragen sind kaum oder jedenfalls nur sehr unzureichend zu beantworten, weil die Herkunft der Besucher und der Beweggrund ihres Interesses nicht unterschiedlich genug gedacht werden können. Die Pilger in früheren Jahrhunderten kamen, um an dem heiligen Ort zu beten und vor den Reliquien um Fürbitte und Vergebung ihrer Sünden nachzusuchen. Sie und die katholischen Gläubigen bilden auch heute einen Teil der Besucher, aber sie sind eine kleine Minderheit gegenüber den Strömen von Touristen, die lange Schlangen vor dem Gebäude bilden.

Notre-Dame ist eine katholische Kirche, aber auch für andere Glaubensrichtungen und Nichtgläubige offen. Das Gotteshaus ist jedoch darüber hinaus ein architektonisches Meisterwerk der französischen Gotik und ein hochrangiger Schauplatz französischer und europäischer Geschichte. Bis heute steht Notre-Dame im Zentrum kirchlicher, aber auch sozialer und politischer Vorgänge. Der Erzbischof von Paris ist eine hoch angesehene Persönlichkeit des katholischen Klerus in Frankreich, dessen Stimme Gewicht hat. Trotz der Trennung von Kirche und Staat dient das Gotteshaus auch zu Ereignissen, in denen sie sich verbinden, wenn etwa der Katafalk verstorbener Staatspräsidenten dort ausgesegnet wird. Das Kirchengebäude ist allerdings seit der Französischen Revolution Eigentum des Staates und daher der Staatspräsident der oberste Verantwortliche für seine Erhaltung.

Als Bewahrer kultureller und künstlerischer Werke und durch ihre architektonische Gestalt wurde die Kirche im Laufe der Jahrhunderte nicht nur zu einem Denkmal, sondern auch zu einem Museum. Ausführliche Publikationen waren seit dem 18. Jahrhundert erwerbbar, die die historisch und kunsthistorisch bedeutsamen Werke den Besuchern erläuterten. Nicht nur die Andacht, sondern auch das Erlebnis der Geschichte und der ästhetischen Einzigartigkeit der Kunstwerke motiviert bis heute die Besucher.

Das Feuer im April 2019 hat unseren Blick auf Notre-Dame verändert. Wir hatten uns daran gewöhnt, das gotische Bauwerk als eine selbstverständliche Sehenswürdigkeit zu betrachten. Plötzlich stand uns durch die Katastrophe die Möglichkeit ihres Verlusts vor Augen. Und mit dieser Erfahrung sind wir mit der Frage konfrontiert, was uns ihre Gegenwart bedeutet und worin ihre geschichtliche Rolle besteht? Dieses Buch versucht, eine Antwort auf diese Frage zu geben.

Unser Einblick in die Geschichte von Notre-Dame ist bewusst nicht als Führer durch das Gebäude konzipiert. Es ist vielmehr beabsichtigt, die herausragende Bedeutung seiner Architektur und seiner Sammlungen mit den geschichtlichen Höhepunkten zu verbinden, die sich in der Kathedrale abgespielt haben. Es ist ein Versuch, die charismatische Wirkung nicht nur der Kirche und ihrer Sammlungen, sondern der Aktivitäten ihrer Akteure, der Geistlichen, der Monarchen und Politiker, der Gläubigen und Ungläubigen, darzustellen.

Bei der Aufgabe, 850 Jahre Geschichte von Notre-Dame zu schildern, habe ich wichtige Hinweise und Anregungen erfahren, insbesondere von Barbara Catoir, Danièle Cohn, Barbara Gaehtgens, Christian Freigang, Christian Michel, Eberhard König, Pierre Vaisse und dem Beck-Verlag, besonders Alexandra Schumacher und Beate Sander. Ich bin ihnen herzlich verbunden und dankbar.

Thomas W. Gaehtgens

I. Die gotische Kathedrale

Kathedrale und Königskirche

Nach der Salbung mit dem Heiligen Öl und der Krönung, die dem französischen König im Mittelalter in der Kathedrale von Reims eine gleichsam priesterliche Weihe verliehen, begab er sich auf dem Rückweg nach Paris zunächst in die Abteikirche St. Denis. Dort suchte er die Gräber seiner Vorfahren auf. Dann zog er in die Kathedrale seiner Hauptstadt, Notre-Dame. Erst nach diesem Besuch kehrte er in seinen Palast im westlichen Teil der Île-de-la-Cité zurück.

Von König Johann dem Guten ist uns die Beschreibung des Zeremoniells der Ankunft, so wie es 1350 und sicher auch schon früher stattfand, überliefert. Der König erreichte die Fassade mit den drei Portalen der Kathedrale bei geschlossenen Türen (s. Umschlag, Abb. 6). Das Weltgerichtsportal in der Mitte öffnete sich nach kurzer Zeit und Erzbischöfe, Bischöfe und der Doyen des Kapitels zogen ihm aus dem Kircheninneren entgegen. Sie erschienen in ihren festlichen Ornaten und trugen ein Kreuz, Kerzen, Weihrauchgefäße und kostbar gebundene heilige Schriften. Einer der Kirchenfürsten wandte sich an den Monarchen: «Sire, bevor Ihr Euch in die Kirche begebt, seid Ihr, wie Eure Vorfahren, die Könige von Frankreich, verpflichtet, einen Schwur zu leisten ...». Der König verneigte sich, küsste das Kreuz und die Heilige Schrift und las die ihm vorgehaltene Schwurformel. Sie besagte, dass er die Rechte der Kirchenfürsten und der Kirche respektieren und verteidigen werde. Er küsste das Manuskript und schwor: «Ich will es und ich schwöre es».

Auf dem Tympanon des sogenannten Annenportals von Notre-Dame, also rechts neben dem Hauptportal der Westfassade, durch die der König nach seiner Krönung Einzug hielt, dürfte der Schwur symbolisch dargestellt sein (Abb. 1). Maria mit dem Kind thront in der Mitte in einem Abbild einer Kirche als Personifikation der Ecclesia. Zu ihren Seiten schwingen Engel Weihrauchfässchen. Links steht ein Bischof, begleitet von einem Schreiber; gegenüber kniet ein König vor der Madonna. Bischof und König halten Schriftrollen in der Hand, deren Inskriptionen verloren sind.

Das Relief ist nicht für seinen heutigen Standort angefertigt worden. Vermutlich wurde es schon um 1145–55 für den Vorgängerbau geschaffen. Aber seine Anbringung an der Fassade um 1220 beweist, dass seine ikonographische Aussage immer noch als gültig angesehen wurde. Der Schwur des Königs und das Geschehen im Tympanon veranschaulichen das Ansehen von Notre-Dame als Kathedrale der Hauptstadt Frankreichs seit dem 12. Jahrhundert. Die Zeremonie vor dem Weltgerichtsportal und das Relief am Annenportal illustrieren die religiösen und politischen Aufgaben der Protagonisten von Kirche und Monarchie in dieser Epoche. Die Auslegung der Lehre und die Fürsorge für die Gläubigen vertrat der geistliche Führer, während der König mit weltlicher Macht die Unabhängigkeit der Kirche zu wahren und das Christentum zu verteidigen hatte.

Der Bischof steht aufrecht, während der König demütig vor der Gottesmutter kniet, ein wichtiges Motiv, das sein Bekenntnis zur Kirche repräsentiert. Beide allerdings müssen vertrauensvoll zusammenwirken, um eine staatliche Ordnung, «l'alliance du trône et de l'autel» (die Allianz von Thron und Altar) zu gewährleisten.

Niemand zweifelte an der notwendigen engen Zusammenarbeit von König und Bischof. In diesem Sinne rief der sterbenskranke Ludwig VII. ein Jahr vor seinem Tod im Bischofspalast von Notre-Dame Fürsten und Klerus zusammen, um seinem Sohn, Philipp August, noch vor der Thronbesteigung politische Vollmachten zu erteilen. Philipp der Schöne hielt über ein Jahrhundert später, ebenfalls in Notre-Dame, eine Generalversammlung ab, um seine Politik bestätigen zu lassen. Die Kathedrale von Paris und ihr Bischofssitz waren nicht nur ein Ort religiöser Einkehr, sondern immer auch Schauplatz politischer Repräsentation von Kirche und Staat … bis heute.

In der historischen und kunsthistorischen Forschung wird seit

1 Annenportal, ca. 1145–55

einiger Zeit diskutiert, ob Notre-Dame als «cathédrale royale» bezeichnet werden kann. Im Gegensatz zu der Grablege in St. Denis und der Krönungskirche in Reims hatte sie keine unmittelbare Funktion im Dienst des Königs. Es gibt jedoch gute Gründe, Notre-Dame mit diesem Titel zu kennzeichnen, denn «die Gegenwart des Königs war besonders sichtbar, viel deutlicher gekennzeichnet als in irgendeinem anderen Gotteshaus der Epoche» (Sandron, 2013, 34). Notre-Dame sahen die Gläubigen bereits im 13. Jahrhundert, nicht zuletzt durch die Königsgalerie an der Fassade, als königliches Gotteshaus an. Es war die Mutterkirche der Hauptstadt des Reiches. Ihre Architektur wurde Vorbild für andere Bauten der Diözese und vom König protegierte Kirchen in der Île-de-France, wie Bagneux, Bougival, Vitry-sur-Seine, Champigny-sur-Marne, Montreuil-sous-Bois. Und endlich, Notre-Dame war die Pfarrkirche des Königs selbst, der dort einkehrte, wenn er von siegreichen Feldzügen, etwa den Kreuzzügen, zurückkehrte, um Dankesgottesdienste zu feiern.

Die Kathedrale von Paris war nicht irgendeine Kirche. Christentum und Königtum gingen in ihr einen Bund ein, der beiden ihre Aufgaben zuwies, den geistlichen Vertretern Gottes das Sacerdotium und den weltlichen das Regnum. Diese doppelte Funktion zeichnet Notre-Dame aus; sie bleibt bis heute lebendig und prägt das Gotteshaus als «lieu de mémoire» (Erinnerungsort), im Sinne des Historikers Pierre Nora, der französischen, europäischen und universalen Geschichte.

Eine Kathedrale für die Hauptstadt

Die Kathedrale Notre-Dame zu beschreiben und als früh- und hochgotisches Meisterwerk im historischen Zusammenhang darzustellen, ist kaum möglich, ohne eine größere Anzahl von anderen Bauten einzubeziehen. Die Gotik entstand in der Île-de-France im 12. und gelangte im 13. Jahrhundert zu ihrem künstlerischen Höhepunkt. Solche monumentalen Bauten in Angriff zu nehmen, setzte eine ökonomische, soziale und kulturelle Blüte voraus, die Könige wie Ludwig VII., Philipp August, Ludwig VIII. und Ludwig IX., der Heilige, förderten. Ihnen gelang es, das Kernland Frankreichs nicht nur zu konsolidieren, sondern auch durch Gewinn an Land im Norden Frankreichs zu erweitern. Die Verteidigung des Christentums durch die Kreuzzüge im Vorderen Orient und eine gegenüber dem Papst trotz häufiger Konflikte weitgehend selbständige Kirchenpolitik, im Gegensatz zu der des Deutschen Kaisers, ließen das Königreich zu einer immer stärker werdenden europäischen Macht werden. Die Voraussetzungen und der Ehrgeiz zur Errichtung gotischer Kathedralen waren gegeben.

Wir müssen uns aber immer vergegenwärtigen, dass neben allem politischen Ehrgeiz die mittelalterliche Frömmigkeit die wichtigste Triebkraft für den Bau von Kirchen und besonders der Kathedralen war. Der christliche Glaube wirkte in das tägliche Leben ganz unmittelbar hinein, auf eine Weise, die uns heute kaum noch verständlich ist. Christus, Maria und die Heiligen bestimmten die Lebensweise ganz konkret. Verfehlungen, Krankheiten und Unglücksfälle konnten, nach tiefer religiöser Überzeugung, nur durch die Hinwendung zur Kirche gelöst werden. Die Heiligen, die durch die Reliquien als gegenwärtig empfunden wurden, galt es zu ehren, um ihre Fürbitte weniger für tägliche Sorgen als für ein ewiges Leben im Jenseits zu erbitten.

Mit diesem Umstand war auch die wirtschaftliche Grundlage für die Errichtung der monumentalen Bauten verbunden. Die Kosten übernahmen weitgehend die Gläubigen durch Spenden, die oft durch Ablässe – also das Versprechen auf eine verkürzte Zeit im Fegefeuer – ermuntert wurden. Auf Messen und Märkten, die sonntags stattfanden, sammelte die Kirche erhebliche Mittel, die dem Fortschreiten des Bauunternehmens dienten. «Jedes Zugeständnis an eine kirchliche Institution, jede wirtschaftliche Transaktion, aus der eine solche Institution materiellen Nutzen zog, hielt man für eigens dem Titelheiligen zugedachte Ehrungen» (von Simson, 1968, 233).

Heute befindet sich eine der wertvollsten christlichen Reliquien im Kirchenschatz von Notre-Dame, die Dornenkrone Christi (Abb. I). Es muss die größte Enttäuschung der Bischöfe gewesen sein, dass Ludwig der Heilige, der sie vom byzantinischen Kaiser im Jahre 1237 kaufte, sie nicht in Notre-Dame deponierte. Nach dem abenteuerlichen Erwerb der Krone, für ca. 10 000 Pfund (so viel kosteten etwa drei vollgerüstete Kriegsgaleeren), gelangte sie zunächst auf dem Seeweg nach Venedig und von dort nach Frankreich. Ludwig und sein jüngerer Bruder reisten ihr bis nach Sens entgegen. Im Büßergewand begleiteten sie die kostbare Reliquie nach Paris und zogen mit ihr zwar in Notre-Dame ein; doch verblieb sie dort nicht, vielmehr errichtete der König für sie und andere kostbare Schätze, deren Rang alle bis dahin in Notre-Dame verwahrten Reliquien weit übertraf, 1244–1248 in seinem Palast mit der Sainte-Chapelle eine Art monumentalen Reliquienschrein. Erst im frühen 19. Jahrhundert, nachdem die Französische Revolution für Zerstörung und Plünderung in der Sainte-Chapelle gesorgt hatte, wurde die Dornenkrone von Napoleon dem Schatz von Notre-Dame übergeben. Der Architekt Eugène Viollet-le-Duc entwarf ein neues Reliquiar für die Aufstellung in der Achskapelle des Chors.

Der Erwerb der Dornenkrone war ein politisch außerordentlich wichtiges Ereignis für die Geschichte Frankreichs und Europas. Ihre Übertragung aus dem Morgenland in das Abendland erschien den Gläubigen, als sei die Verantwortung für die Verteidigung des Christentums vom byzantinischen Kaiser auf den französischen König übertragen worden. Als Ludwig der Heilige mit der Krone in Notre-Dame einzog, wurde die mit seinem königlichen Amt verbundene Aufgabe der «propaganda fide» nochmals sichtbar dokumentiert und sein früheres Bekenntnis durch seine Krönung in Reims bestätigt. Papst Innocenz IV. bezeichnete ihn offiziell als den «Rex Christianissimus». König und Kirche gingen ein enges Bündnis ein, nicht nur für Frankreich, sondern für ganz Europa, ein Umstand, der bereits durch die Kreuzzüge Wirklichkeit geworden war.

Unter Ludwig VII., vor allem unter seinem Sohn Philipp August, entwickelte sich Paris im letzten Drittel des 12. Jahrhunderts zur Hauptstadt mit ca. 50 000 Einwohnern. Zwar war das Bistum noch dem Erzbischof von Sens unterstellt. Aber gerade in unmittelbarer Nähe der Residenz des Königs und in der Hoffnung auf Stiftungen durch die Krone lag die Initiative eines repräsentativen Neubaus für Kirche und Königtum nahe. Zu klein geworden waren die älteren Bauten auf der Île-de-la-Cité, dem dichtbesiedelten Zentrum von Paris. Die Kirche St. Étienne und die ältere Kathedrale, die bereits Maria geweiht war, befanden sich in keinem guten Zustand und erschienen der in geistlichen Fragen führenden Rolle des Pariser Bistums und der wachsenden Macht der Könige nicht mehr angemessen.

Der Neubau von Notre-Dame dauerte über ein Jahrhundert; auch danach war die Kirche noch keineswegs vollendet. Im Grunde wurde während ihrer über 850 Jahre währenden Geschichte immer an ihr gearbeitet, erweitert und restauriert. Der frühgotische Chor entstand seit 1163, als Bischof Moritz von Sully, vielleicht in Gegenwart des Papstes Alexander III., feierlich den Grundstein legte.

Zwei große, aus dem 19. Jahrhundert stammende Kirchenfenster im Chor von Notre-Dame mit der Darstellung der beiden Bischöfe Moritz und Odo von Sully erinnern an das Wirken dieser beiden einflussreichen Kirchenfürsten. Moritz war nicht nur ein herausragender Theologe, Lehrer an der Kathedralschule und Prediger, der Beispiele seiner Ansprachen zu bestimmten Feiertagen in einer Schrift zur Anleitung in seiner Diözese verbreitete. Als einem hoch angesehenen Organisator und Reformer des Bistums unterstand ihm eine große Anzahl an Kirchen und Klöstern in Paris und Umgebung. Er sorgte nicht nur für den Neubau der Kathedrale, sondern auch für den Ausbau der Kathedralschule, das Kloster und das Krankenhaus, das sich bis heute unmittelbar neben dem Gotteshaus, wenn auch auf der anderen Seite des Vorplatzes, befindet. Notre-Dame war über Jahrhunderte neben seiner missionarischen und pastoralen Funktion ein Hafen für Arme und Kranke, sowohl für Einwohner der Stadt als auch für die ständig strömenden Pilgerscharen.

Etwa mit der bedeutenden politischen Rolle von Abt Suger vergleichbar, spielte Moritz eine große Rolle am Hofe und beriet sowohl Ludwig VII. als auch Philipp August. Ludwig VII. hatte er 1162 zu Verhandlungen mit Friedrich Barbarossa begleitet. Auch setzte er sich in mehreren Schreiben an Papst Alexander III. für den vom englischen König angeklagten Erzbischof von Canterbury, Thomas Becket, ein.

Während Moritz aus einfachen Verhältnissen stammte, war sein Nachfolger Odo mit Philipp August verwandt, was den Zugang zum König und die Förderung des Bauunternehmens erleichtert haben mag. Odo war ein leidenschaftlicher Gegner aller häretischen Bestrebungen, die sich vor allem im Süden Frankreichs ausbreiteten. Er spielte eine wichtige Rolle mit seinen Vorschlägen zur Reform der Messe. Dass der Priester die Hostie den Gläubigen sichtbar hochzuhalten hat, der entscheidende Moment der Wandlung, geht auf ihn zurück. Die gotische Architektur des Chores im Licht der Kerzen und farbigen Glasfenster vermag dem entscheidenden zeremoniellen Moment den magischen Rahmen zu geben. Der Bischof war auch ein Förderer der polyphonen Kirchenmusik von Magister Perotinus, der als Komponist an der Kathedrale von Notre-Dame wirkte.

Selbstverständlich haben Moritz wie auch Odo von Sully auf die Bildprogramme von Notre-Dame den größten Einfluss genommen, ein von der Forschung noch nicht wirklich ausgeloteтes Thema. Im Gegensatz zu Moritz, der sich im Kloster St. Victor begraben ließ, wünschte Odo eine Beisetzung im Chor von Notre-Dame, der Kathedrale, für die er sich während seiner ganzen Regierungszeit so intensiv eingesetzt hatte.

Philipp August, der den Bau finanziell entscheidend förderte, bestimmte, seine erste Gemahlin Isabella von Hennegau und seinen Vetter, Gottfried von Bretagne, in Notre-Dame zu bestatten. Notre-Dame blieb über Jahrhunderte eine Begräbnisstätte, allerdings nur für ausgewählte Persönlichkeiten. Heute werden dort nur die Erzbischöfe von Notre-Dame beigesetzt.

Chor, Langhaus, nördliche und südliche Querschiffe

Die meisten Bauwerke des Mittelalters wurden mit dem Chor begonnen, um bei dessen Fertigstellung bis zur Vierung schon Gottesdienst abhalten zu können. Der Besucher des Chores kann bis heute den ungewöhnlichen Ehrgeiz nachvollziehen, der mit der Errichtung der neuen Kirche verbunden war. Der Klerus plante, statt der in der Gotik meist gewählten dreischiffigen eine fünfschiffige Anlage (wie in St. Peter in Rom), die auch der sehr viel kleinere Vorgängerbau St. Étienne aufwies (Abb. II). Die gewaltigen Ausmaße des neuen Baus machten es notwendig zwei Kirchen, die erwähnte fünfschiffige Anlage und einen romanischen, wohl noch nicht vollendeten Bau, abzureißen. Groß und gewaltig sollte die neue Kirche Notre-Dame werden (Länge 120, Höhe 33 Meter), um den vielen Gläubigen in der jüngst stark gewachsenen Stadt, in der der König nur wenige Schritte entfernt seine Residenz hatte, Raum zu geben. Und sie sollte in dem neuesten, wir würden heute sagen modernsten, Baustil errichtet werden, der Gotik.

Ein solch ehrgeiziges Unternehmen war nicht unumstritten. Pierre le Chantre, der mit Moritz de Sully an der Schule der Kathedrale unterrichtete, hielt den Bau für völlig überflüssig und ein Werk der Vanitas. Er fragte sich, ob ein so gewaltiges Bauwerk wirklich der Feier der göttlichen Messe diene. Nachdem die Zisterzienser und ihr angesehenster Fürsprecher, Bernhard von Clairvaux, als wesentliche Reform den Verzicht auf Reichtum und strenge Anwendung der klösterlichen Regeln forderten, erschien manchen Zeitgenossen eine Kathedrale dieses Ausmaßes nicht nur zu kostspielig, sondern auch unangemessen. Dieser Vorstellung trat Moritz von Sully entgegen. Der Bau sei der Tempel Gottes und werde bewirken, die Seelen der Gläubigen zu erheben. Die pastorale, seelsorgerische Überzeugung war die Grundlage seines Handelns. «Ihr seid der Tempel Gottes», rief er bei der Grundsteinlegung der Gemeinde zu, wobei er aus dem zweiten Korintherbrief von Paulus zitierte. Nicht nur die Errichtung der Kathedrale, sondern die umfangreiche Reorganisation des Pfarrbezirks sah er zum Wohle seiner Gemeinde als seine bischöfliche Aufgabe an. Anliegen war ihm, seinen Priestern und den Gläubigen eine Kirche zu erbauen, in der das Lob Gottes auf würdige Weise zum Ausdruck gebracht werden konnte.

Nur wenige Jahrzehnte vorher, 1140, war knapp zehn Kilometer nördlich von Paris mit dem Neubau des Chores und der Türme der Abtei von St. Denis begonnen worden. Dieses anspruchsvolle Bauunternehmen konnte die Bischöfe von Paris nicht unbeeindruckt lassen. Abt Suger, einer der einflussreichsten Kirchenfürsten der Epoche und Ratgeber der Könige Ludwig VI. und Ludwig VII., entwickelte die Vision einer neuen Chorgestaltung. St. Denis besaß neben der Verehrung des hl. Dionysius seit jeher eine besondere Ausstrahlung, da dort die Könige zu Grabe gelegt wurden. Wie Suger selbst wortreich beschrieb, wollte er den Altarraum über den schweren Mauern des Altbaus durch einen lichterfüllten Chor ersetzen. Ein von Arkaden gebildeter Umgang, durchlichtet von Glasfenstern, sollte einen magischen Eindruck bewirken. Das Wunder der Wandlung in der Messe konnte so als ein mystischer, alles Irdische überhöhender Vorgang erscheinen. Auch die Pariser Abteien St. Martin-des-Champs und St. Germain-des-Prés erhielten seit ca. 1135 bzw. 1150 anspruchsvolle frühgotische Neubauten.

Gegenüber St. Denis bedeutete der doppelte Chorumgang in Notre-Dame eine erhebliche Steigerung ins Monumentale. Hinzu kam der Drang in die Höhe; denn das neue Gotteshaus

2 Blick durch das Langhaus in den Chor

sollte von weitem sichtbar sein und über die Häuser, sogar den königlichen Palast hinausragen.

Zum fünfschiffigen Grundriss in Notre-Dame gehört im Inneren eine Empore, die über den inneren Seitenschiffen um den ganzen Chor und auch das Langhaus führt (Abb. 2). So öffnen sich über den Arkaden des unteren Geschosses jeweils drei schlanke Bögen, zusammengefasst durch einen übergreifenden Blendbogen. In der ersten Planung befanden sich über dieser Empore noch zwei weitere Zonen, zunächst ein Rund- und darüber ein breites Lanzettfenster. Zu sehen ist dieser Zustand heute allerdings nur noch in einigen Jochen in der Nähe der Vierung als eine Rekonstruktion des originalen Zustandes durch die Architekten Jean-Baptiste Lassus und Eugène Viollet-le-Duc, die seit 1843 für die Restaurierung des Kirchenbaus zuständig waren. Der viergeschossige Aufriss in der Abfolge von Arkade, Empore, Rundfenster und Lanzettfenster gliederte abwechslungsreich die eindrucksvolle Höhe des Chors, als er 1182 eingeweiht wurde. Entsprechend hätte die ganze Kirche ausgeführt werden sollen (Abb. 3).

3 Langhaus, nördliche Seite

Allerdings entwickelte sich während der frühen Bauzeit von Notre-Dame die Gotik in wenigen Jahrzehnten in der Île-de- France um 1200 mit geradezu atemberaubenden Erfindungen der Architekten. Die neue Vorstellung von einem lichtdurchfluteten, aller irdischen Schwere enthobenen Kirchenraum, sollte mit Hilfe der vom Boden hochgeführten Dienste den Blick der Gläubigen nach oben leiten. Für die theologisch begründete Empathie des heiligen Raumes als himmlisches Jerusalem fanden die Baumeister geniale strukturelle und künstlerisch wegweisende Lösungen. Anders als in Paris hat man in Chartres mit dem sogenannten kantonierten Pfeiler das Stützensystem vereinheitlicht und ein vierteiliges, das ganze Schiff durchziehendes Kreuzrippengewölbe ermöglicht. Vor allem in den drei klassischen Kathedralen, Chartres, Reims und Amiens, wurde die Wandfläche immer stärker reduziert, um Platz für große, zunehmend durch Maßwerk strukturierte Fensterflächen zu bieten. Bei der immer mehr gesteigerten Höhe der Bauten war dies nur durch ein höchst durchdachtes Stützensystem möglich. Innen übernahmen die der Wand vorgelagerten Dienste diese Aufgabe; das Hauptgewicht wurde jedoch nach außen verlagert auf das im rechten Winkel zur Wand angeordnete System aus Strebepfeilern und Strebebögen.

Diese architektonische Entwicklung und ästhetische Neuerung konnten die Baumeister an Notre-Dame nicht unberührt lassen. Deshalb entschied man sich zugunsten eines dreiteiligen Aufrisses der Wand, analog zu den Kathedralen von Chartres, seit 1194 begonnen, Reims, seit ca. 1208, und Amiens, seit ca.

4 Ansicht von Süden

1220; doch im Unterschied zu diesen Bauten hielt man an der geräumigen Empore statt der dort auftretenden Triforien und am sechsteiligen Gewölbesystem fest. Mit dem Planwechsel um 1225 wurden im Chor wie auch im Langhaus große Fenster als Obergaden geöffnet (Abb. 2, 3). Durch die Verbindung von früh- und hochgotischen Formen vergegenwärtigt Notre-Dame für den aufmerksamen Betrachter den lebendigen Austausch und den Wettbewerb der Architekten dieser Epoche im Kernland des französischen Königreiches.

Im Mittelschiff des Langhauses, das in seiner Anlage wohl in den Jahren 1180–1200 entstand, erhebt sich über den Arkaden mit ihren stämmigen Rundpfeilern die Empore, darüber die großen, erst später eingefügten Obergadenfenster, deren Maßwerk aus zwei Lanzetten und einem bekrönenden Kreis gebildet wird (Abb. 3). Von den Kämpfern über den Kapitellen der Rundstützen des Langhauses führen drei Dienste in die Höhe; sie machen keinen Unterschied zwischen den Querrippen und den recht dünnen Gurtbögen. Jeweils zwei Joche der Wandgliederung werden in diesem frühgotischen System zum sechsteiligen Kreuzrippengewölbe zusammengefasst.

5 Rose des südlichen Querhauses

Wie sehr die Pariser Architekten nach neuen Lösungen suchten oder Anregungen aufnahmen, zeigen die beiden letzten Joche des Langhauses im Westen. Dort bereitet ein Dienst, der vor die Rundstütze gelegt ist, das Strebesystem vom Boden aus vor, im Sinne der Entwicklung, die Rundstützen ganz aufzugeben und durch den kantonierten Pfeiler, wie in Chartres, zu ersetzen. Dass dieser erneute Planwechsel die einheitliche Abfolge der Stützen im Langhaus abbricht, hat die Architekten des 13. Jahrhunderts offenbar nicht gestört. Wichtiger war ihnen, den neuen und modernen Gedanken, den Blick von unten in die Höhe zu führen, architektonisch zu verwirklichen.

Der Höhepunkt der Entmaterialisierung der Wand gelang in Notre-Dame in den Querschiff-Fassaden (Abb. 4). Quellen überliefern sogar zwei Namen von Architekten, Jean de Chelles und Pierre de Montreuil, ohne dass wir mit Sicherheit sagen könnten, welchen Anteil sie im Detail an diesen Meisterwerken hatten. Die Gestaltung dieser Fassaden, die vermutlich von ca. 1245 bis ca. 1265 entstanden, bestimmten mehrere ästhetische Leitlinien. So ist zunächst deutlich, dass die Wand in ihrer vollen Höhe und Breite durchbrochen wurde, um den farbigen Fenstern den ganzen Platz einzuräumen. Zum anderen bewirken die großen, höchst kunstvoll im Maßwerk gegliederten Rosen über der hohen Triforienzone in ihrer bunten farblichen Leuchtkraft den Ausdruck des Immateriellen und Transzendenten (Abb. III). Für diese subtile Form des hochgotischen Maßwerks hat sich der Begriff «Style rayonnant» durchgesetzt (Abb. 5).

Der Besucher von Paris begegnet Notre-Dame zunächst aus der Ferne. Die Türme und das langgestreckte Dach von Hauptschiff und Chor, vor allem aber die hohen Strebepfeiler und Strebebögen, vermitteln einen lebendigen, wenn auch bizarren Eindruck. Das Gotteshaus ist von innen her gedacht. Der Außenbau ist das Ergebnis der gewünschten Vision einer scheinbaren architektonischen Schwerelosigkeit im Chor und im Langhaus.

Betrachtet man das Stützensystem in Paris näher, sind die Kompromisse zu erkennen, die die Architekten durch den Planwechsel eingehen mussten. In Paris standen die Architekten vor dem Problem, dass der durchlichtete Obergaden über einem fünfschiffigen Grundriss abgestützt werden musste, der zudem durch die Emporen über den inneren Seitenschiffen gestaffelt war. Diese Aufgabe konnten nur weit ausgreifende Strebebögen leisten, die für das scheinbare Gewirr von architektonischen Gliedern verantwortlich sind. Sie vermitteln dem Außenbau gleichzeitig den malerischen und majestätischen Eindruck, den Künstler so oft in Gemälden und Besucher der Stadt bis heute in einer Fotografie festzuhalten suchen.

Für das Langhaus von Notre-Dame fanden die Baumeister nicht die eleganteste Lösung. Die Kathedrale von Reims, die, wenn auch in Details abgewandelt, nach einem verbindlichen Plan in kürzerer Zeit gebaut wurde, erscheint im Außenbau rationaler und ästhetisch ausgewogener. Berauschend wirkt jedoch in Paris das Strebewerk des Chorabschlusses, dessen ineinandergreifende Strebebögen zum Raffiniertesten gehören, was die Gotik geschaffen hat.

Die Westfassade

Natürlich betritt man die Kirche durch die Tore der durch ihre Ausmaße und ihren Dekor schon beim ersten Eindruck überwältigenden Fassade von Notre-Dame (Abb. 6). Besucher von Paris und vor allem die Pilger seit dem Mittelalter hatten das

6 Westfassade, Kupferstich um 1700

Gotteshaus schon aus weiter Entfernung vor Augen, wenn sie von Norden auf der Rue St. Martin ankamen, um dann die Insel zu betreten. Von dort führte die Rue St. Jacques nach Süden zu den wichtigsten Pilgerzielen: Santiago de Compostela oder Rom.

Sich zunächst der Baugeschichte und architektonischen Form des Inneren zu vergewissern, hilft die Westfassade und den Haupteingang der Kathedrale in ihrer Originalität und ihren verschiedenen Sinnschichten zu begreifen. Es gilt, sie in ihrer baukünstlerischen, aber auch in ihrer Funktion als Träger theologischer Botschaften zu verstehen, die die Gläubigen einstimmen sollen. Im Gegensatz zum Inneren mit seinen verschiedenen Stilphasen galt die Eingangsfront von jeher als ein in großer Einheitlichkeit gestaltetes Meisterwerk.

In Wahrheit entstand auch die Fassade in einem Zusammenspiel von Bauformen aus verschiedenen Epochen. Die Suche nach der idealen Form ist durchweg spürbar. Die Westfront von Notre-Dame kann als ein künstlerischer Höhepunkt der Fassadengestaltung der gotischen Epoche bezeichnet werden. Sie wurde allerdings nicht richtungweisend für die späteren Kathedralen, Chartres, Reims und Amiens, die eher der bewegten, plastischen Fassadengestaltung von Laon folgten.

Vermutlich um 1200 begonnen, als im Inneren immer noch am Langhaus gebaut wurde, hatte Notre-Dame in Paris um 1220 eine Höhe bis einschließlich der Rose erreicht. Die feingliedrige bekrönende Arkadengalerie, die Anregungen des inneren Triforiums der Kathedrale von Amiens aufweist, und die Türme fanden erst in den folgenden Jahrzehnten ihre Vollendung, der Nordturm um 1240, der Südturm ein Jahrzehnt später. Ihre für den heutigen Betrachter so überzeugende Ausgewogenheit gleicht in genialer Weise unterschiedliche stilistische Phasen aus. Im unteren Bereich herrscht noch eine gewisse Schwere des Mauerwerks, in das die drei Portale eingeschnitten sind. Die Königsstatuen darüber stehen in engen Nischen unter schwer lastenden Baldachinen; im Rosengeschoss allerdings wird das Gewicht der Wand durch dekorative Wimperge und Dreipässe aufgeheitert, während die Bekrönung durch die schlanke Arkadengalerie der Fassade Eleganz und Durchsichtigkeit vermittelt.

Dieser Weg von unten nach oben stellt einen stilistischen Wandel dar, der sich von etwa 1200 bis in die Mitte des 13. Jahrhunderts vollzog: von einer noch an die romanische Epoche erinnernden Festigkeit zu einer in den Himmel strebenden Leichtigkeit und Transparenz der architektonischen Glieder und des Dekors. Die Ausgewogenheit der einzelnen Bauformen zu einem harmonischen Ganzen, an die wir uns heute bei der Betrachtung der Fassade gewöhnt haben, geht nicht auf einen einheitlichen Entwurf zurück; denn die verschiedenen Stilphasen verraten, wie einander ablösende Baumeister in den etwa 50 Jahren der Bauzeit neuere Entwicklungen in Reims, Amiens oder anderen Orten aufgenommen haben.

Bei der Westfassade handelt es sich um eine dreiachsige Doppelturmfassade. Solche Anlagen waren keine Erfindung der gotischen Epoche. Sie fanden sich, wenn auch in weniger durchgliederter Form, bereits in romanischen Kirchenbauten, vor allem in der normannischen Hauptstadt Caen und auch um 1140 in St. Denis vor den Toren von Paris. Die Entscheidung für eine dreiachsige Front war allerdings keine Selbstverständlichkeit, denn, wir erinnern uns an den Grundriss, Notre-Dame ist fünfschiffig. Jedenfalls entschied man sich zu einer Fassade von gleicher Breite der drei Portal-Achsen, die die fünf Schiffe des Inneren nicht erkennen lässt. Die große Kunst der Baumeister bestand darin, die nach oben strebenden, vertikalen Formen mit den horizontalen in ein Gleichgewicht zu bringen.

Den Blick nach oben führen vor allem die vier Strebepfeiler. Um den Höhenzug ein wenig auszugleichen, werden sie allerdings durch Tabernakel mit Skulpturen in der unteren Zone, durch Wasserschläge und kleine Giebel in der mittleren Etage unterbrochen. Vor allem wird die Vertikalität jedoch zurückgehalten durch die Königsgalerie, die an der Fassade von Notre-Dame zum ersten Mal erscheint und für andere Kathedralen vorbildhaft wurde. Diese Skulpturengalerie zieht sich, um die Horizontale zu betonen, an den Seiten über die Strebepfeiler hinweg. Die zartgliedrige Arkadengalerie, die die Fassade oben bekrönt, ist eine geniale Erfindung, verbindet sie doch in sich die beiden Elemente, den Höhendrang und die Betonung einer breit gelagerten Schauwand. Vielleicht durch das Triforium im Inneren der Kathedrale von Amiens angeregt, wirkt das transparente architektonische Band wie eine Krone, jedenfalls als Bekrönung der Fassade. Gleichzeitig wird eine Übergangszone zu den hinter ihm sich erhebenden schweren Türmen geschaffen.

Die Seitenachsen wären gegenüber der Mitte durch die herausragenden Türme zu schwer geworden, hätten die entwerfenden Baumeister nicht auf subtile Weise dem Zentrum mehr Gewicht gegeben. Daher betonten sie das mittlere Portal gegenüber den Seitenportalen durch breitere Ausmaße und einen höheren Giebel. Aber vor allem die Rose akzentuiert die Mitte, wobei sie gegenüber den Fenstern auf den Seiten etwas höher reicht und fast an das darüberliegende Gesims stößt. Auch ist die Mitte durch drei freistehende Skulpturen, Maria und zwei anbetende Engel, nochmals betont. Der Erfindungsreichtum der architektonischen Motive und ihre Ausgewogenheit untereinander zu einem harmonischen Zusammenspiel machen die Fassade von Notre-Dame in Paris zu einem Meisterwerk abendländischer Architektur.

Über die Betrachtung der formalen, ästhetischen Gestaltung hinausgehend muss die Frage gestellt werden, welche Bildprogramme dargestellt und welche religiösen Botschaften mit ihnen verbunden sind. Die Bischöfe Moritz und Odo von Sully werden mit dem Domkapitel, in dem die renommiertesten Gelehrten der Zeit versammelt waren, das Konzept erarbeitet haben. Sicher handelte es sich dabei um ein durchdachtes Gesamtprogramm, zumal die Kathedralschule das in Europa berühmteste Zentrum philosophischer und theologischer Ausbildung war. Dieser Ort der Gelehrsamkeit war Ausgangspunkt für die Gründung der berühmten Pariser Universität, der Sorbonne, die seit etwa 1250 unter Robert de Sorbon bestand, aber erst im Jahre 1268 von Papst Clemens IV. offiziell bestätigt wurde. Die Diskussion theologischer Fragen fand in und um die Kathedrale von Notre-Dame, förmlich auf dem sogenannten Parvis, ihrem Vorplatz, statt.

Die Westportale

Über den religiösen Inhalt der Skulpturenprogramme wurde in den jeweiligen Kirchenkapiteln der gotischen Kathedralen diskutiert. Unterschiede in den vermittelten Glaubensinhalten entsprachen den theologischen Orientierungen der jeweiligen Orden oder Kathedralschulen. Die theologische Botschaft, die dem Betrachter beim Besuch des Kirchengebäudes vermittelt werden sollte, trat ihm vor allem in der geradezu überreichen Bauplastik entgegen, die die drei Westportale auszeichnen (Abb. 7). Da die Skulpturen ursprünglich farbig bemalt waren, müssen sie bereits von weitem sichtbar geleuchtet haben. Sie boten den Gläubigen an den meisten mittelalterlichen Kirchen die in Bilder umgesetzten Berichte der Bibel, der Heiligenlegenden und andere theologische Glaubensinhalte. Sie sollten auf den Besuch der Kirche und die Teilnahme am Gottesdienst vorbereiten. Das bedeutete allerdings keineswegs, dass die Bildinhalte leicht verständlich waren. Richtig deuten konnten sie nur wenige theolo-

7 Westfassade mit Königsgalerie, Fotografie von 1892

gisch Geschulte; und auch Generationen von Kunsthistorikern konnten bis heute nicht immer volle Klarheit über die Botschaften gewinnen.

Die Betrachtung des umfangreichen Skulpturenprogramms an Notre-Dame wird dadurch erschwert, dass große Teile nicht mehr im Original erhalten sind. Zwar sind Teile des ursprünglichen Bestands, die von der außerordentlichen künstlerischen Qualität der mittelalterlichen Bildhauerschulen an Notre-Dame Zeugnis ablegen, in den Tympana und Archivolten erhalten. Abgesehen von über die Jahrhunderte erfolgten natürlichen Beschädigungen durch Wind und Wetter, wurden allerdings manche Bildwerke Opfer des Vandalismus der französischen Revolution des Jahres 1793. In einer aufwendigen Initiative wurden sie unter der Leitung der Architekten Lassus und Viollet-le-Duc um die Mitte des 19. Jahrhunderts ersetzt.

Die Erneuerungen sind oft selbst mit ungeschultem Auge erkennbar, unterscheiden sie sich doch in ihrer härteren Ausführung vom originalen Bestand. Alle lebensgroßen Gewändefiguren der drei Westportale wurden 1793 hinuntergestürzt, mussten also im 19. Jahrhundert rekonstruiert werden. Trotz gelegentlicher Missverständnisse ist bei den Rekonstruktionen meist das ursprüngliche Bildprogramm bewahrt worden. Hierfür benutzten die Bildhauer verschiedene Stichwerke des 18. Jahrhunderts, vor allem das monumentale Werk der «Monumens de la Monarchie Françoise», erschienen 1729ff., des Dom Bernard de Montfaucon.

Bei der Betrachtung der Portalskulpturen muss daher der Anteil des 19. Jahrhunderts mitbedacht werden. Dennoch ist es kunsthistorischer Forschung gelungen, manches Licht auf die künstlerische und ikonographische Besonderheit sowie die theologische Zielsetzung der originalen Bildwelt der mittelalterlichen Portale zu werfen. Dabei ging es zunächst einmal darum, die Entstehungszeit der Skulpturen festzustellen. Da wir kaum über schriftliche Unterlagen verfügen, können nur stilistische Analysen und Vergleiche mit den Bildwerken an anderen Bauten helfen, eine künstlerische Entwicklung nachzuzeichnen. Dieser Arbeit hat sich die Kunstgeschichte seit dem späten 19. Jahrhundert gewidmet, wobei Wilhelm Vöge, ein Assistent Wilhelm Bodes an der Skulpturengalerie der Berliner Museen, wegweisend wirkte.

Eine zweite Aufgabe bestand in der Deutung der Bildinhalte. Grundlegend in diesem Zusammenhang waren die Arbeiten von Émile Mâle vom Ende des 19. Jahrhunderts, in einer Epoche des «Renouveau catholique», der religiösen Erneuerungsbewegung in der Dritten Republik. Jüngere Forschungen haben Mâles Untersuchungen durch intensive Quellenforschung und die Analysen der zeitgenössischen theologischen Diskussionen entscheidend vertiefen können.

Zu den großen kunsthistorischen Leistungen des 20. Jahrhunderts gehört die chronologische Rekonstruktion der Abfolge ebenso wie die Deutung der künstlerischen Entwicklung der französischen Skulptur des 12. und 13. Jahrhunderts. Nach den romanischen Portalen in der Provence, im Languedoc oder in Burgund entfaltete die Gotik in der Île-de-France eine umfangreiche bildhauerische Aktivität, in der die Verlebendigung der einzelnen Gestalten und die Erzählfreude der Szenen eine eher statuarische Repräsentation überwanden. Bildhauerschulen entstanden an allen Kathedralen. Ihre Arbeitsweise zu beschreiben und die Kommunikation unter ihnen zu rekonstruieren, stellte sich als ein komplexes Thema heraus, das zu entwirren erst seit einem halben Jahrhundert gelang. Die besondere Stellung der Skulpturen an Notre-Dame in ihrer stilistischen Bedeutung, in einer Anzahl von über tausend Figuren, wurde dabei greifbar. Die Bildhauer mehrerer Generationen von der Mitte des 12. bis zur Mitte des 13. Jahrhunderts begaben sich oft auf Wanderschaft und tauschten künstlerische Ideen aus. Gelegentlich, weniger in der Frühgotik als um die Wende zum 13. Jahrhundert, war die Pariser Schule tonangebend.

Sucht man an Notre-Dame nach den frühesten Skulpturen, sollte man sich dem südlichen Westportal, dem sogenannten Annenportal zuwenden, das uns bereits kurz beschäftigt hat (Abb. 1). Es ist im Grunde ein Marienportal, thront doch die Jungfrau mit Kind im Zentrum des Tympanons. Im Türsturz ist die Geschichte der Menschwerdung Christi mit Verkündigung, Geburt und Anbetung der Könige dargestellt.

Der noch sehr strenge und statuarische Charakter der Figurenbildung erinnert an vergleichbare Skulpturen an den frühgotischen Westportalen der Abtei von St. Denis und dem Königsportal der Kathedrale von Chartres aus der Zeit um 1140. In der jüngeren Forschung wird das Tympanon daher in die Jahre um 1145–55, in die Epoche des Bischofs Thibaut datiert. Vermutlich ist es für die ältere Kirche Notre-Dame, den Vorgängerbau der heutigen Kathedrale, bestimmt gewesen.

Wahrscheinlich wurde an den Skulpturen der Westfassade erst nach 1200 gearbeitet. 1208 werden die Westportale erstmals in einer Urkunde erwähnt. Gegenüber den Zeiten des Bischofs Thibaut hatten sich die künstlerischen Vorstellungen geändert. Als das Tympanon des Annenportals um 1200 in die Fassade eingesetzt wurde, füllte es nicht völlig die vorgegebene gotische Form aus. Man fügte daher im Scheitel Engel und an den Seiten Pflanzenranken hinzu.

Dass man das stilistisch nicht mehr moderne Portal nicht ver-

8 Marienportal, ca. 1210–20

warf, mag ökonomische Gründe gehabt haben. Allerdings wird auch die oben erläuterte inhaltliche Botschaft der Szene eine Rolle gespielt haben.

Das um 1210–1220 entstandene nördliche Marienkrönungsportal unterscheidet sich in seinem Stil grundlegend von dem früheren Annenportal (Abb. 8). Das Tympanon ist auf vier Figuren, Christus, Maria und zwei begleitende kerzentragende Engel, konzentriert. Ein weiterer kleinerer Engel schwebt vom Himmel herab und setzt Maria die Krone auf. Die Figuren wirken viel körperlicher als die Skulpturen am Annenportal; sie scheinen sich geradezu vom Hintergrund zu lösen. Wie Maria und Christus ihre Oberkörper drehen, um sich einander zuzuwenden, Maria sich dabei leicht dem Gottessohn zuneigt, bezeugt eine auf wenige gestische Mittel konzentrierte Darstellungsweise. Die neue Natürlichkeit wird auch durch ihre Bewegungen vergegenwärtigt, denen sich die Gewänder anpassen. Eine dekorative Faltenführung ist überwunden. Die Körper werden unter den Stoffen spürbar. In dieser auch in der gleichzeitigen Buchmalerei zu beobachtenden Fähigkeit, das in der Natur Wahrge-

9 Weltgerichtsportal, ca. 1220–30

nommene in plastische Form umzusetzen, artikuliert sich ein großer Bildhauer, dessen Individualität und Genie an Notre-Dame am Marienkrönungsportal zuerst erkennbar ist. Ein Vergleich mit dem Tympanon gleichen Themas des Westportals der Kathedrale von Senlis, gegen 1170 entstanden, vermag die Modernität des Meisters am nördlichen Portal von Notre-Dame zu veranschaulichen.

Das Weltgerichtsportal im Zentrum der Fassade lässt sich nur schwer datieren (Abb. 9). Man hat es wohl über einen längeren Zeitraum vorbereitet, aber zwischen 1220 und 1230 eingebaut. In den älteren Partien, vor allem im Sockel, sind künstlerische Motive der Kathedrale von Sens spürbar, der Notre-Dame in Paris als Suffragan unterstand. Andererseits ist auch eine enge künstlerische Verwandtschaft zum Marienkrönungsportal sichtbar.

Nach dem zentralen Portal des Südquerhauses in Chartres, das etwa ein Jahrzehnt früher entstand, ist das Weltgericht an der Westfassade von Notre-Dame die zweite bedeutende Fassung dieses Themas in der gotischen Epoche. Ikonographisch sind die beiden Darstellungen verwandt. Christus thront mit erhobenen Armen segnend in der Mitte. Allerdings hat das weitere Personal die Plätze gewechselt. Maria und Johannes sitzen in Chartres anbetend neben Christus, während zwei kniende Engel die Leidenswerkzeuge halten. In Paris stehen die Engel neben Christus, während Maria und Johannes den Erlöser im Zentrum anbeten.

Im Tympanon des Weltgerichtsportals bemerkt man einen eigentümlichen Wechsel des Stils. Die antikischen, eng an den Körpern liegenden Gewänder mit ihren parallellaufenden Falten sieht man noch an den meisten Figuren. Aber die – offenbar später entstandenen – Gestalten des Lanzen tragenden Engels und des richtenden Christus folgen einem neuen, in die Zukunft weisenden Stil. Die Figuren haben an Gewicht und Präsenz, die Stoffe an Plastizität gewonnen. Faltenkaskaden fallen an der Seite des Lanzenengels hinab. Dieser Stil wird in den großartigen Apostelstatuen der Ste. Chapelle noch weiterentwickelt.

Das Relief darunter mit der Trennung der Seligen und der Verdammten findet sich an beiden Kathedralen. Allerdings wurde das Pariser Weltgerichtsportal 1771 unter dem Architekten Jacques-Germain Soufflot zum Teil zerstört, als man den Trumeaupfeiler entfernte, um bei zeremoniellen Einzügen die ganze Breite des Portals ohne die Christusstatue in der Mitte nutzen zu können. Der Trumeau wurde im 19. Jahrhundert rekonstruiert.

Das ikonographische Programm mit seinen theologischen Botschaften steht uns heute deutlich vor Augen. Gerade das Gerichtsportal im Zentrum repräsentierte zeitgenössische Unterweisungen auf der Grundlage der scholastischen Tugendlehre. Die Gläubigen wurden beim Eintritt in das Gotteshaus darauf hingewiesen, dass sie Gnade und Barmherzigkeit durch moralisches Verhalten, Reue und Buße im täglichen Leben erwerben müssen. Hierauf verweisen die Sockelreliefs auf beiden Seiten in zwei Zonen, die Tugenden über den Lastern, denen man beim Betreten der Kirche unmittelbar begegnet. Sie stammen aus den Jahren 1200–1210, wurden jedoch um 1770–1771 auffallend feinfühlig überarbeitet. Im Gegensatz zu traditionellen Darstellungen, in denen die Tugenden die Laster siegreich bekämpfen,

I Dornenkrone Christi, Entwurf E. Viollet-le-Duc, ausgeführt 1862 von P. Poussielgue-Rusand, Notre-Dame, Schatzkammer

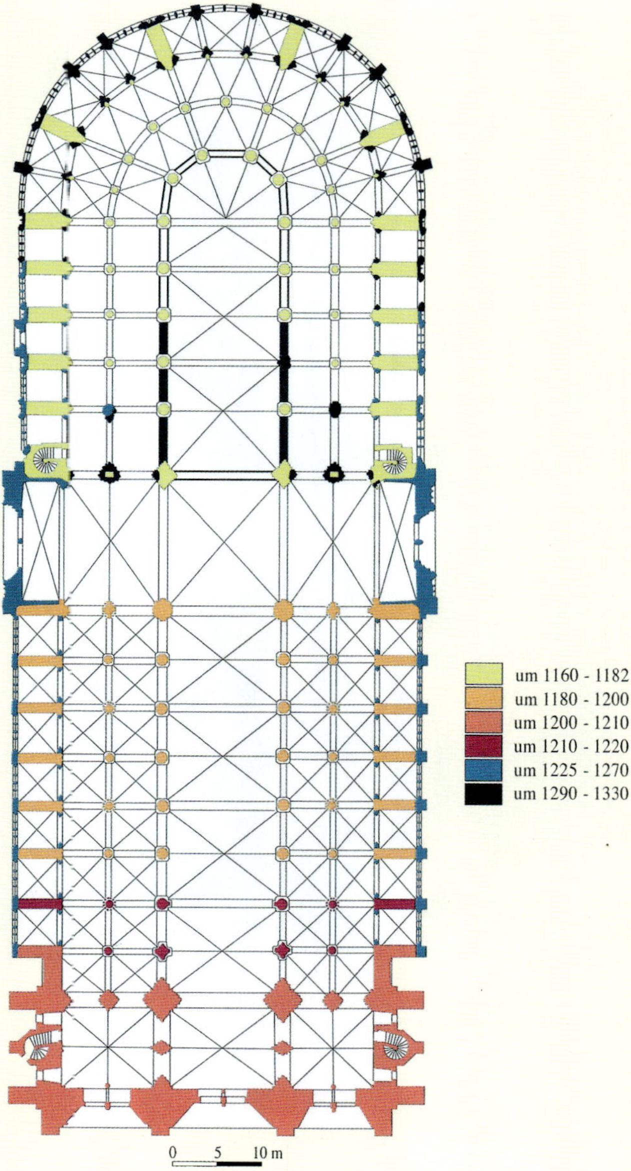

II Grundriss Notre-Dame

III Rose des nördlichen Querhauses, um 1250

IV Langhaus von Notre-Dame mit der 1413 von A. des Essarts gestifteten Statue des hl. Christophorus, anonyme Zeichnung, 18. Jahrhundert

was meist hoch oben in den Archivolten gezeigt wurde, schufen die Bildhauer an Notre-Dame anschauliche Szenen, die auf didaktische Weise die Sünden vergegenwärtigen. Die Lebendigkeit der Szenen entspricht dem pastoralen Konzept des Auftraggebers. Frühere Bildprogramme illustrierten das Jüngste Gericht mit seinen Schrecken und dem Urteil über Gerechte und Verdammte. In Paris hingegen wird eine neue Lehre vermittelt, die für den Gläubigen in den Bildern ablesbar ist. «Weniger die von den älteren Portalen provozierte Angst vor dem Gericht, sondern eine von der Liebe geprägte Gottesfürchtigkeit, die *timor filialis*, sollte geweckt werden.» (Boerner, 1998, 302)

Eine ausführliche Betrachtung der Portale kann einen tieferen Einblick in die Arbeitsprozesse der Werkstatt vermitteln. Im Laufe der ersten Jahrzehnte nach 1200 haben immer wieder Planwechsel stattgefunden, die der aufmerksame Betrachter leicht wahrnehmen kann. Solche Veränderungen ergaben sich durch den Wechsel der Bildhauer, aber auch durch neue künstlerische Vorstellungen, die von den anderen Bauhütten der Île-de-France nach Paris drangen. Die kunsthistorische Forschung hat sich bemüht, diese Wanderwege der Ideen und Stile zu verfolgen. Das Puzzle, das durch die persönliche Handschrift einzelner Bildhauer und allgemein verbreitete Stiltendenzen entstand, kann jedoch, vor allem wegen fehlender Daten, wohl nie ganz zusammengesetzt werden. Paris hat in der künstlerischen Entwicklung der Skulptur dieser Epoche eine führende und andere Bauten anregende Rolle gespielt. Der Meister des Tympanons des Marienkrönungsportals, dessen künstlerische Individualität auch am Weltgerichtsportal sichtbar ist, war eine solche Persönlichkeit, die einer neuen, modernen Gestaltung in Erzählung und Figurenbildung zum Durchbruch verhalf.

Die Königsgalerie

Majestätisch bekrönt die Galerie der Könige die drei Westportale. 28 Figuren, Erneuerungen des 19. Jahrhunderts nach den Zerstörungen in der Französischen Revolution, verkörpern die Könige der Stämme Israel und Juda seit Jesse, und somit nach

Matthäus I,2–17 die Stammeltern von Maria. Allerdings ist durch Quellen belegt, dass die Zeitgenossen sie bereits im 13. Jahrhundert als französische Könige betrachteten. In diesem Sinne wurden sie bis in das 18. Jahrhundert hinein auch in historischen Werken beschrieben.

Die Nachahmungen der mittelalterlichen Skulpturen entsprechen nicht in allen Details den ursprünglichen Figuren. Die Bildhauer haben sich aber auch in diesem Fall an den Stichen des 18. Jahrhunderts orientiert. Im Jahre 1977 machten Arbeiter, weit von Notre-Dame entfernt an der Chaussée d'Antin, eine großartige Entdeckung. Bei Ausgrabungen fanden sie, neben anderen Bruchstücken, 21 originale Köpfe der Königsgalerie, die bei dem Bau eines am Ende des 18. Jahrhunderts errichteten Gebäudes versteckt oder als Füllmaterial verwendet wurden. Die von der Fassade heruntergestürzten Skulpturen hatten nicht nur den gepflasterten Boden des Vorhofs der Kathedrale zerstört, sondern auch den Verkehr behindert, bevor sie ein Bauunternehmer erwarb. Dass die Köpfe, wie gelegentlich vermutet, von Royalisten respektvoll wie in einem Grab beigesetzt wurden, ist nicht unwidersprochen geblieben. Sie waren mit den Gesichtern nach unten nebeneinander versetzt, was allerdings keine eindeutige Interpretation erlaubt.

Die 1977 ausgegrabenen Köpfe befinden sich im Musée de Cluny mit vielen anderen Fundstücken, die im 19. Jahrhundert an verschiedenen Orten entdeckt wurden; doch gerieten auch Fragmente durch den Kunsthandel bis nach Amerika (Metropolitan Museum, New York). Die eindrucksvollen, bärtigen und gekrönten Häupter weisen nicht nur Spuren des Sturzes aus großer Höhe, sondern auch hasserfüllte Zerstörung der Gesichter mit Hacken auf (Abb. 10). Dennoch bezeugen sie noch bis heute den würdevollen Ausdruck der Herrscher. Sichtlich war eine Reihe von Bildhauern mit dieser Aufgabe beschäftigt, wodurch bei aller Ähnlichkeit eine zu große Gleichförmigkeit vermieden wurde und unterschiedliche, in einigen Fällen fast individuell anmutende Charakterköpfe entstanden. Die Könige erheben sich auf kleinen quadratischen Sockeln in ihren von Dreipassbögen bekrönten Nischen. Nur David steht auf seinem Löwen. Einige

10 Köpfe der Königsgalerie von Notre-Dame, Paris, Musée de Cluny

Köpfe scheinen mit geöffnetem Mund dargestellt. Ob daraus geschlossen werden kann, dass sie im Moment des Ausspruchs von Weissagungen festgehalten sind, muss unsicher bleiben, da keineswegs alle diesen Eindruck vermitteln. Technologische Untersuchungen haben erwiesen, dass alle Figuren in kräftigen Farben bemalt waren; Spuren sind an den Köpfen noch zu sehen. Auch die Königsgalerie hat sicher im 13. Jahrhundert erheblich zu einem bunten Eindruck der Fassade beigetragen, ein Umstand, den uns heute vorzustellen nicht ganz leichtfällt.

Notre-Dame war nicht nur Bischofssitz, sondern die Kathedrale in der Residenz der Herrscher. Die Wahrnehmung der Königsgalerie als Repräsentation des Stammbaumes der regierenden Könige ist daher nicht verwunderlich. Auch die Skulpturengalerie steht sinnbildlich für die zwei Funktionen des Gotteshauses, die ihr über die folgenden Jahrhunderte, ja bis heute, zugewiesen wurden. Als Bischofskirche vertrat das Gotteshaus die christliche Lehre auf der Grundlage wissenschaftlicher theologischer Auseinandersetzung. Neben den pastoralen Funktionen fanden in Notre-Dame jedoch auch zeremonielle staatspolitische Ereignisse statt.

Die Querhausfassaden und die Porte Rouge

Notre-Dame verfügt noch über zwei weitere Fassaden, die schon um 1200 die Querhäuser nach Norden und Süden abschlossen (s. Abb. 5). Doch nach 1250 beschloss das Kathedralkapitel beide Fassaden, zuerst im Norden und wenig später im Süden, im Zuge eines weiteren grundlegenden Planwechsels zu ersetzen. Notre-Dame erhielt im zweiten Viertel des Jahrhunderts um die äußeren Seitenschiffe einen Kranz von recht einheitlichen Kapellen. Der wachsenden Heiligenverehrung in dieser Epoche, die einen zunehmenden Pilgerstrom zur Folge hatte, und den Bedürfnissen nach Messen und Andachten für Verstorbene musste die Kirche entgegenkommen und die notwendigen praktischen Voraussetzungen schaffen. Im Übrigen entsprach dies nicht nur dem Verlangen nach christlicher Andacht. Auch aus ökonomischen Gründen war der Ausbau sinnvoll, denn der Besuch der Gläubigen bedeutete eine erhebliche finanzielle Einnahmequelle.

Räume für Kapellen waren in der ursprünglichen Planung nicht vorgesehen. Man konnte nur Altäre in den Umgängen und an den Pfeilern des Chores und des Langhauses aufstellen. Wegen der großen logistischen Probleme entschied man sich dafür, den Raum zwischen den rechtwinklig zu den Schiffen stehenden Strebepfeilern zu nutzen und durch Kapellen auszufüllen. Im Inneren wurde daher die Außenwand um die Kapellentiefe nach außen versetzt. Vielleicht hat diese Baumaßnahme auch erst zu der Entscheidung geführt, im Obergaden des Langhauses größere Fenster zu öffnen; damit konnte man ausgleichen, dass der Innenraum durch die Versetzung der Wände in den Seitenschiffen sehr dunkel wurde.

Die älteren Querhausfassaden hätten ein Stück hinter den neuen Außenwänden der Kapellen gestanden. Deshalb waren neue Schauwände nötig, deren architektonische Gestaltung von größter Meisterschaft ist. In diesem Fall kennen wir sogar die Baumeister, Jean de Chelles und Pierre de Montreuil, auf deren Werk wir bereits bei der Betrachtung des Querhauses im Inneren hingewiesen haben. Ihr Werk sollte richtungweisend für andere Bauten in Frankreich und selbst in Deutschland werden. Eine auf dem Sockel der südlichen Fassade angebrachte Inschrift erwähnt, dass 1257 die Südfassade von Jean de Chelles begonnen wurde. Er starb 1265 und Pierre de Montreuil setzte sein Werk fort.

Die Querhausfassaden, deren Vollendung in die zweite Jahrhunderthälfte des 13. Jahrhunderts reicht, gehören einer anderen Epoche der stilistischen Entwicklung der Gotik an (s. Abb. 4, 5). Gegenüber der Westfassade wurde nun die Wand völlig durch Maßwerk aufgelöst. Zwischen die kräftigen Strebepfeiler spannt sich ein Netz geometrischer Formen. Die durchlichtete Triforienzone, in die die spitzen Wimperge des Portals hineinragen, die große, die Fassade beherrschende Rose und die kleineren im bekrönenden Giebel erscheinen als eine Demonstration geometrischer und technischer Kunstfertigkeit. Dieser Überwindung aller Schwere des Mauerwerks entspricht im Inneren die von uns bereits erwähnte Farbigkeit der Glasfenster, die dem Raum Diaphanie und magische Immaterialität verleihen.

Beide Fassaden des Querhauses zeigen ausführliche Skulpturenprogramme. Auch sie mussten allerdings in der Französischen Revolution Verluste hinnehmen, vor allem durch die Zerstörung der Gewändefiguren. Dieter Kimpel hat die Baugeschichte der Querhausfassaden in allen Details rekonstruiert und auch das Programm der Portale gedeutet. Im Norden, auf der Schattenseite des anschließenden Klosters, sind die Darstellungen der Maria gewidmet. Die Gottesmutter mit Kind steht aufrecht im Trumeau, während in den Bildfeldern des Tympanons die Menschwerdung Christi, als Erfüllung der Voraussagen des Alten Testaments, und die Theophilusgeschichte im Zentrum stehen. Die Propheten in den Archivolten kündigen die Inkarnation an. Auch die Rose mit ihren Glasfenstern vermittelt diesen Zusammenhang. Maria befindet sich in der Mitte und ist begleitet von Propheten, Richtern und Königen des Alten Testaments. Das Nordportal vergegenwärtigt die Voraussage des Jüngsten Gerichts und das Opfer Christi «ante gratiam» (vor der Gnade).

Auf der südlichen Lichtseite, zum Palast des Bischofs hin, vertreten nun Heilige und Märtyrer im Tympanon die Geschichte des in Frankreich ganz besonders verehrten hl. Stephan, die Hoffnung auf das Heil nach dem Jüngsten Gericht, «sub gratia» (unter der Gnade). Die Widmung an den hl. Stephan wurde vermutlich wegen des ihm geweihten Vorgängerbaus an dieser Stelle gewählt. Wie oft im Mittelalter suchte man die Kontinuität der Weihe eines Ortes zu erhalten. Die Glasmalereien der Rose zeigen in der Mitte Christus umgeben von Engeln als den Erlöser der Menschheit.

Für die Nord- und Südquerhausfassaden empfingen die Bildhauer in ihren Programmen wie in ihrer stilistischen Gestaltung von den entsprechenden Fassaden der Kathedrale von Chartres entscheidende Anregungen. Charakteristisch für diese Epoche der Hochgotik sind sowohl eine andere Erzählweise als auch eine Loslösung der Figuren von ihrem Hintergrund; denn die heute zerstörten Statuen waren nun nicht mehr mit einem Säulenschaft im Rücken verbunden, sondern in Nischen eingestellt. Sie erscheinen bewegter, treten aus ihrer Nische heraus und sind durch ihre Gesten verlebendigt.

Ein kleineres Portal, die sogenannte Porte Rouge auf der Nordseite, nahe am Chor stammt wohl erst aus den Jahren nach 1260 und ist die späteste Hinzufügung eines Eingangs in die Kathedrale vom Kreuzgang her. Das Tympanon stellt die Marienkrönung dar. Die Szene wird gerahmt durch ein kniendes Königspaar, das gelegentlich und nicht unumstritten mit Ludwig IX. und seiner Gemahlin Margarete der Provence identifiziert wird; damit träte das aktuelle Königspaar zum ersten Mal als Stifter an einem solchen Portal in Erscheinung.

Wie mittelalterliche Besucher der Kirche die Bildprogramme aufgenommen haben, wissen wir nicht. Hierbei sind selbstverständlich, wie auch heute, ganz unterschiedliche Bildungsebenen und soziale Zusammenhänge zu berücksichtigen. Vielleicht kann man aber mit aller Vorsicht sagen, dass auf den drei Portalseiten immer wieder Maria in verschiedenen Erzählungen erscheint. Sie tritt auf als Gottesmutter bei der Menschwerdung Christi wie auch als Fürbitterin für die Menschheit beim Jüngsten Gericht. Sie vergegenwärtigt die im Alten Testament durch die Propheten angekündigte Kirche und steht im Trumeau der Nordfassade mit dem Kind als Gnadenbringende und Trostspendende dem Gläubigen beim Eintritt in die Kirche direkt gegenüber. Maria vertritt diese Kirche, ja sie ist diese Kirche, in der Heil gefunden werden kann. Nicht nur für das hohe und späte Mittelalter, sondern auch die folgenden Epochen sollte die Kathedrale Notre-Dame diese Botschaft verbreiten.

Die vollendete Kathedrale

Um 1250 war die Kathedrale weitgehend vollendet. Mehrere Generationen von Klerikern und Baumeistern hatten den Bau begleitet. Verschiedene Planänderungen waren vorgenommen worden und im Inneren wie am Äußeren sichtbar geblieben. Der eintretende Besucher, wenn er bereits Chartres, Reims oder Amiens besucht hat, kann bis heute erkennen, wie sich die lange Bauzeit ausgewirkt hat. Der Bau der genannten Kathedralen konnte teilweise in weit kürzerer Zeit abgeschlossen werden. In Chartres, 1194 begonnen, benötigte man angeblich nur 26 Jahre. Aber in Reims und in Amiens, wo man auch fast ein Jahrhundert lang baute, blieb man dem Anfangsplan erstaunlich treu.

In Paris bleiben die Bauabschnitte sichtbar. Im Langhaus wurde an den Rundstützen experimentiert, nur an den spätesten im Westen wurden Dienste angebracht, die als Vorlagen bis zu den Gurtbögen und Querrippen im Gewölbe führen. Die Empore erscheint altertümlich, da sie in der Entstehungszeit liturgisch kaum benötigt wurde. Die großen Fenster des Obergadens geben zwar Licht, aber sie sind erkennbar in einer späteren Epoche in die Wand eingeschnitten worden. Dem Aufriss fehlt der Charakter der diaphanen Wandstruktur, wie Hans Jantzen die Durchgliederung der hochgotischen Wand nannte und wie sie in den Querschiffen verwirklicht wurde. Notre-Dame kann die stilistische Einheitlichkeit nicht bieten, die den klassischen Kathedralen gelang.

Schweift der Blick nach oben, ruht das sechsteilige Kreuzrippengewölbe auf gleich dünnen Dreiergruppen der Dienste, unabhängig davon, ob Querrippen oder Gurte bedient werden müssen; nur im letzten Joch zur Westfassade hin setzen sie schon unten, sonst erst auf den Kämpfern der Kapitelle an. Die Kirche weist eine große Höhe auf, aber der für die Gotik so charakteristische Höhenzug stellt sich für den Betrachter nur bedingt ein. Hingegen veranschaulicht Notre-Dame die Geschichte der gotischen Architekturideen über 100 Jahre. Wenn es ihr an Einheitlichkeit fehlt, gewinnt sie durch die Lebendigkeit und die Variationsbreite der damals diskutierten Bauideen. Notre-Dame beeindruckt den Besucher bis heute durch seine monumentale Baugestalt und fasziniert den Kenner der Architekturgeschichte durch die Experimentierfreude und die sichtbar gebliebene Suche der mittelalterlichen Baumeister nach einer Verwirklichung ihrer ästhetischen Vorstellungen.

In der Mitte des 13. Jahrhunderts, als der Bau langsam seiner Vollendung entgegenging, hatte sich die Gesellschaft in der prosperierenden Stadt Paris längst entscheidend verändert. Adel und wohlhabendes Bürgertum, vor allem aber die Chorherren förderten den Bau der Kapellen, die für Bestattungen und Gottesdienste zum Gedenken der Verstorbenen dienten. Stiftungen für das regelmäßige Lesen von Messen erforderten Platz, der im Chorumgang kaum gegeben war. Schon um 1225 war das Bedürfnis für diese Vorgänge so groß geworden, dass im nördlichen Langhaus die ersten Kapellen eingerichtet werden mussten. Schritt für Schritt folgen weitere Anbauten erst im Süden des Langhauses, dann in Richtung Chor. Die Chorkapelle in der Achse wurde für den 1304 gestorbenen Bischof Simon Matifas de Bucy vollendet. Sein Grabmal ist, wenn auch stark reduziert, im Chorumgang erhalten. In der zweiten Jahrhunderthälfte folgten, wie wir gesehen haben, die Kapellen des südlichen Langchores, die bis etwa 1320 nach und nach eingerichtet wurden. Das Domkapitel, die Stadt und ihre Gläubigen nahmen, so könnte man sagen, die Kathedrale in Besitz.

Von den vielen mittelalterlichen Altären, die in der Kathedrale aufgestellt wurden, ist fast nichts erhalten geblieben. Der Chorraum mit dem Hochaltar wurde mehrfach neu ausgestattet. Er enthielt neben kostbarem liturgischen Gerät, Altarreliefs und Statuen auch die wertvollen Reliquien. Notre-Dame besaß unter anderen einen Schleier der Gottesmutter, eine ihrer Haarlocken und einen Tropfen ihrer Milch sowie Steine des Martyriums des hl. Stephan. Verehrt wurden auch ein Stück Holz des Kreuzes und ein Nagel des gekreuzigten Christus, ein Dorn von der Dornenkrone, drei Zähne Johannes des Täufers und ein Arm des Apostels Andreas. Ein kostbarer Besitz war auch eine Kerze der Stadtpatronin von Paris, der hl. Genoveva, sowie der Schrein des hl. Marcellus, eines legendären Bischofs von Paris im 4. Jahrhundert. Im frühen 18. Jahrhundert wurde der Altarraum völlig neu gestaltet nach langer Planung unter Ludwig XIV., von der später die Rede sein soll.

In diesem Zusammenhang muss man sich klarmachen, dass die Gläubigen bis in das 18. Jahrhundert hinein an den Gottesdiensten nur sehr beschränkt teilnehmen konnten. Der Chor war für die Gläubigen unzugänglich, ja nicht einmal einsehbar. Er war vom Umgang auf allen Seiten abgeschlossen, durch den Lettner auch zum Langhaus hin, obwohl sich dort ein Tor befand. Der Chor war zweigeteilt. Das Sanktuarium mit den Altären befand sich im äußersten Chorrund, während die davor befindlichen Joche dem Domkapitel vorbehalten waren. Die Gläubigen konnten von den liturgischen und zeremoniellen Vorgängen nur hören, aber nichts sehen. Auch die revolutionäre musikalische Neuerung des polyphonen Gesangs, wie er in Notre-Dame um 1200 entwickelt wurde, war nur aus der Ferne wahrzunehmen. Allerdings fanden im Querhaus Messen, Predigten und gemeinsame Gebete für die versammelte Gemeinde statt. Ferner wurden aus unterschiedlichen Anlässen Gottesdienste in den Kapellen abgehalten.

Der Lettner des 13. Jahrhunderts, der den Chorraum an den östlichen Vierungspfeilern abtrennte, ist nicht erhalten. Die Chorschranken im Chorumgang stammen aber noch aus dem Ende des 13. und den ersten Jahrzehnten des 14. Jahrhunderts. Sie sind gut erhalten, wurden jedoch im 19. Jahrhundert farblich neu gefasst. Dargestellt sind Szenen des Lebens Christi, im Norden von der Geburt bis zur Passion, im Süden die Erscheinungen nach dem Tod. Hierbei weisen die früheren, im nördlichen Umgang, trotz ihrer Befreiung vom Reliefhintergrund eine eher steife Figurenhaltung auf. Die südlichen, später entstandenen Reliefs sind qualitätvoller, natürlicher und in den Gesten und dem Ausdruck der Gesichter bewegter und der Erzählung entsprechend dramatischer gestaltet.

Die Kathedrale wurde in den folgenden Jahrhunderten immer reicher ausgestattet. Durch Stiftungen von einzelnen Förderern, etwa des Klerus, des Adels, der königlichen Familie oder von Korporationen verschiedener Berufe, gelangten Gemälde, Skulpturen, Goldschmiedearbeiten oder Glasfenster in die Kapellen des Chores oder des Langhauses. Von diesem teilweise beweglichen Kulturgut, das aus dem täglichen religiösen Leben heraus entstand, ist vieles vor allem in den 1790er Jahren der Französischen Revolution verlorengegangen. Die Schatzkammer der Kathedrale bewahrt nur wenige Stücke dieses Patrimoniums.

An diesem Ort finden sich auch manche Zeugnisse der herausragenden historischen Ereignisse, für die die Kathedrale Notre-Dame der Schauplatz war und denen wir uns im Weiteren zuwenden. Das Gotteshaus blieb die Hauptkirche der französischen Hauptstadt. Der Bischofssitz war gleichzeitig über die Jahrhunderte hinweg ein Zentrum, in dem die dominierende Rolle des Katholizismus in Frankreich diskutiert, definiert und in der französischen Gesellschaft vertreten wurde. Die ersten 100 Jahre der Kathedrale von Notre-Dame waren dem Neubau der Kirche gewidmet. Sie ragte als ein weithin sichtbares Wahrzeichen über das immer schneller wachsende Häusermeer hinaus. Seit ihrer Vollendung zog sie die Gläubigen und die vielen Besucher der Stadt Paris an. Gerade wegen ihrer bereits im Mittelalter gewonnenen Ausstrahlung und Popularität wurde Notre-Dame bis in das 21. Jahrhundert ein Ort, an dem sich herausragende Ereignisse der französischen und europäischen Geschichte abspielten.

Die geschilderten historischen und kunsthistorischen Zusammenhänge sind wohl den meisten Besuchern der Kathedrale nicht vertraut. Sie sind auch keine Voraussetzung, den überwältigenden Eindruck des majestätischen Raumes wahrzunehmen, dem sich die Eintretenden kaum entziehen können. Er wird zunächst durch die Höhe und Weite sowie die kaum erfassbare

Tiefe in den Chor hinein bewirkt. Hierbei spielt das Licht eine entscheidende Rolle. Es wird aus den farbigen Fenstern des Chores und Querhauses sowie den weißen des Obergadens gebildet, mischt sich mit dem Licht der Kerzen und verleiht der Kirche eine aus dem täglichen Leben herausgehobene spirituelle Atmosphäre. Dieser großartige Innenraum fordert Stille ein. Architektur, Licht, die Gebete und Gesänge während der Messfeiern bezeugen, dass die mittelalterlichen Erbauer das Gebäude als emotional erfahrbaren Erlebnisraum zu gestalten suchten. Die Kathedrale Notre-Dame ist nicht nur Ort der Andacht, sondern die Ecclesia selbst, das Haus Gottes, in dem Maria als anwesend empfunden werden soll.

Königskirche vom Mittelalter bis zur Renaissance

Wenn der König, oder in jüngerer Zeit die gewählten Staatsvertreter, einen Ort für ein Ereignis suchte, das einen kirchlichen Vorgang mit staatlicher Repräsentation verband, lag die Wahl dieses Gotteshaus im Zentrum der Hauptstadt nahe. Die kontinuierliche physische Gegenwart eines Herrschers in der Kathedrale begann mit der Statue auf einer Säule im Chor von Philipp August, der die Vollendung des Kirchenbaus nachhaltig gefördert hatte. Die Kathedrale diente aber auch zu Gottesdiensten, in denen die Herrscher für herausragende Siege mit einem Te Deum dankten. So ließ Philipp der Schöne im Querhaus sein farbig gefasstes Reiterbildnis aufstellen, das ihn in voller Rüstung zeigte. Der König stiftete das Monument, das, in der Französischen Revolution zerstört, nur aus einer Nachzeichnung erhalten ist, als ein Ex-Voto des Danks an Maria für den Sieg in der wichtigen Schlacht von Mons-en-Puelle im Jahre 1304, mit der die Flamen vom französischen Boden vertrieben wurden.

Aber nicht nur Könige, sondern auch herausragende politische Beamte konnten sich ein Grabmal setzen, wie der Kanzler Jean Jouvenel des Ursins mit seiner Frau. Die beiden ganzfigurigen, knienden Figuren haben die Revolution überlebt und befinden sich in ewiger Anbetung in der Familienkapelle im Chorumgang (Abb. 11).

Schon einige Zeit früher, 1413, entstand ein ungewöhnliches Ex-Voto, das über Jahrhunderte hinweg jeden Besucher der Kathedrale begrüßte, ein monumentaler hl. Christophorus, das Christuskind über den Fluss tragend. Über 9 Meter hoch stand er am Eingang des Langhauses auf der rechten Seite (Abb. IV). Er war eine Stiftung von Antoine des Essarts, dem ein Traumgesicht erschienen war, der Heilige habe ihn aus den Händen der feindlichen Burgunder befreit. Neben der Statue befanden sich die Figur des Stifters auf Knien in ewiger Anbetung und eine Inschrift mit dem Namen und dem Datum der Errichtung. Essarts war ein Berater von König Karl VI. Ähnlich große Skulpturen gab es auch im Eingang anderer Kirchen. Der «Koloss» von Notre-Dame gelangte jedoch zu großer Popularität, weil ihm die Fähigkeit, Wunder zu bewirken, nachgesagt wurde. Erasmus von Rotterdam sah ihn während seiner Studienzeit 1495–99 in Paris. Er bemerkte, dass die Skulptur seines Wissens kein Wunder bewirkt habe. Die Figur wurde 1784 zerstört, vermutlich weil sie bei Arbeiten an der Orgel durch einen heruntergefallenen Holzbalken schwer beschädigt wurde. Es scheint aber nicht ausgeschlossen, dass in der Epoche der ästhetischen Umgestaltung der Kathedrale im ausgehenden 18. Jahrhundert auch Kapitel und Erzbischof keinen besonderen Wert auf den Erhalt des riesigen spätmittelalterlichen Monuments mehr legten. Victor Hugo erinnert an die Figur, weil Findlingskinder zu ihren Füßen niedergelegt wurden. Sein Held Quasimodo, der Glöckner von Notre-Dame, wurde dort, wie in dem Roman geschildert, von dem Erzdiakon Frollo gefunden.

Im 15. Jahrhundert diente Notre-Dame für eine ungewöhnliche Königskrönung in den für Frankreich schweren Zeiten der Befreiung von der englischen Besetzung. 1431 wurde dem englischen König Heinrich VI. in Paris auch die französische Krone auf das Haupt gesetzt. John Duke of Bedford, der für die besetzten französischen Gebiete in Nordfrankreich verantwortliche Vizekönig, drang trotz der militärisch keineswegs erfolgreichen Lage darauf, den noch minderjährigen, englischen König Heinrich VI. auch zum französischen König zu krönen. Da Reims vom feindlichen Lager kontrolliert wurde, entschied man sich für Paris als Krönungsort. Die Reise des königlichen Kindes im Alter von gerade zehn Jahren erfolgte unter strengster Geheimhaltung und hohem militärischen Schutz. Bedford hatte das Parlament und alle hohen Würdenträger in Paris auf das Ereignis vorbereitet und ihr Einverständnis eingeholt oder erzwungen. Der Einzug des jungen Heinrichs VI. vollzog sich glanzvoll, und er wurde am 2. Dezember 1431 in der prächtig geschmückten Kathedrale Notre-Dame gesalbt und gekrönt.

11 Grabfiguren des Kanzlers Jouvenel des Ursins, † 1431, und seiner Gemahlin

Buchillustrationen stellen Heinrich VI. als jungen Herrscher in ein kostbares Gewand gekleidet dar, das sowohl mit dem englischen Wappen als auch mit den französischen Lilien geschmückt ist, ein Hinweis auf sein doppeltes Königtum. Der junge König sollte nach seiner Rückkehr nach London französischen Boden nie mehr betreten. Zwei Jahrzehnte später endete der 100-jährige Krieg und der französische König Karl VII., der Siegreiche genannt, vermochte die Engländer zu vertreiben und den größten Teil Nordfrankreichs für das Kronland zu gewinnen.

Wie sich die Kathedrale von Notre-Dame in Paris um 1452–60 dem Besucher der Stadt aus der Ferne darbot, wurde von Jean Fouquet in einem Blatt des Stundenbuchs für den Schatzmeister Karls VII., Étienne Chevalier, überliefert (Abb. V). Im Hintergrund der Darstellung einer Versammlung von Gläubigen im Freien, über denen die Hand Gottes erscheint und fliegende Teufel an die Seiten verdrängt, ist eine topographisch genaue Schilderung der Stadt Paris festgehalten. Notre-Dame ragt weit über die Dächer hinaus, als das mächtige geistliche Zentrum der Metropole Frankreichs.

II. Die Kathedrale der Könige

Eine Hochzeit mit dramatischen Folgen

Notre-Dame wurde in der zweiten Hälfte des 16. Jahrhunderts Schauplatz eines folgenreichen und bis heute unvergessenen Ereignisses der französischen Geschichte. Am 18. August 1572 fand vor und in der Kathedrale eine ungewöhnliche, höchst umstrittene Hochzeit statt. Heinrich, König von Navarra, heiratete Marguerite de Valois. In den schwierigen Verhandlungen über die Eheschließung spielten die beiden königlichen Witwen, die katholische Katharina von Medici, Mutter von Marguerite de Valois, und die calvinistische Jeanne d'Albret, Königin von Navarra und Mutter von Heinrich, die entscheidenden Rollen. Die Verhandlungen waren der streng kontroversen religiösen Überzeugungen wegen, vor allem von Jeannes Seite, höchst schwierig und von großem Misstrauen auf beiden Seiten begleitet. Katharina erhoffte allerdings, mit der Ehe als letzter und einziger Möglichkeit die sonst unlösbare Konfrontation der Glaubensrichtungen zu überwinden. Der Einigung der beiden Witwen standen außenpolitische Widerstände ebenso wie die ablehnende Haltung des Papstes im Wege. Vielleicht hat der junge König Karl IX. unter dem Einfluss des Hugenottenführers Admiral Gaspard II de Coligny den schwierigen Verhandlungen zum Durchbruch verholfen.

Das Paar wurde nicht vom Bischof von Notre-Dame, Pierre de Gondi, getraut. Als Vertrauter des Papstes stand er vermutlich diesem Unternehmen kritisch gegenüber. Auf Wunsch von Jeanne d'Albret schloss Kardinal Charles de Bourbon, der sowohl mit den Valois als auch mit den Navarra verwandt war, die Ehe. Der Kardinal bekleidete als Erzbischof von Beauvais gleichzeitig das Amt des Gouverneurs von Paris und der Île-de-France und gehörte zu den Beratern Karls IX. Auf seinen Rat hin bestimmte Karl IX. Notre-Dame als Ort der Hochzeit, weil dort traditionell die Königstöchter heirateten. Hiermit war allerdings für die protestantische Seite ein großes Risiko verbunden, da die Bevölkerung von Paris wenig Sympathie für die Hugenotten zeigte. Auch das gegen sie eingestellte Parlament lehnte eine Teilnahme an der Feierlichkeit ab, zumal für die Eheschließung keine Erlaubnis durch den Papst vorlag. Heinrich reiste daher, der großen Gefahr wegen, erst kurz vor der Hochzeit mit seinem Gefolge an, nach persönlicher Einladung des Königs und der Zusicherung seiner Sicherheit.

Der Ablauf der Hochzeit war bis in die kleinsten Details geplant worden. Jeanne d'Albret, die nur wenige Wochen vor der Hochzeit verstarb, und Heinrich, als Anführer der Hugenotten, widersetzten sich mit Nachdruck einer Konvertierung zum katholischen Glauben, die Katharina von Medici noch bis kurz vor dem Ereignis erhofft hatte.

Wegen der unterschiedlichen Konfessionen lief das Zeremoniell sehr unkonventionell ab: Marguerite verbrachte die Nacht vor der Hochzeit im bischöflichen Palast auf der Südseite von Notre-Dame. Am 18. August traf sie sich mit Heinrich vor der Westfassade der Kathedrale, wo ein Podest errichtet worden war. Dort wurde die Hochzeit vor aller Augen durch Kardinal de Bourbon, einschließlich des Jawortes des Paares, vollzogen. Legende ist, ihr königlicher Bruder habe Marguerite von hinten angestoßen, um sie zur Zustimmung zu bringen. Kardinal Charles de Bourbon trug bei dieser Gelegenheit nicht das Ornat des Priesters, sondern sein tägliches Kardinalsgewand. Bei der Überreichung der Ringe hatte er auf die Segensformel zu verzichten.

Danach zog das Paar auf einem eigens zu diesem Ereignis errichteten Gang durch das Langhaus der Kathedrale. In der Vierung angekommen, wandte sich die Braut mit ihrem Bruder, Heinrich III. Duc d'Anjou, dem Chor zu, um an einem feierlichen Hochamt teilzunehmen, während sich ihr Gemahl verabschiedete und mit seinem Gefolge auf demselben Wege durch das Langhaus die Kathedrale verließ. Jeder Anschein seiner Teilnahme an der katholischen Messe sollte vermieden werden.

Mit der Ehe war die Erwartung verbunden, sie könne in der Epoche der Reformation das Ende des Bürgerkrieges und der

12 Heinrich IV. reitet 1594 in Paris ein, Kupferstich

kriegerischen Auseinandersetzungen zwischen Katholiken und Hugenotten herbeiführen und endlich das gespaltene und wirtschaftlich verarmte Land einigen. Die Hoffnung erfüllte sich jedoch nicht. Im Gegenteil! Nach nur wenigen Tagen brach ein Massaker aus, die sogenannte Bartholomäusnacht, die bis heute in der Bevölkerung Frankreichs eine traumatische Erinnerung geblieben ist. Am 22. August 1572 wurde ein Mordanschlag auf den Führer der Hugenotten, Admiral Coligny, verübt. Im Morgengrauen des 24. August, also in der Nacht vor dem Fest des Apostels Bartholomäus, begannen Massaker, denen in den nächsten Wochen Tausende Hugenotten sowohl in Paris als auch im Rest des Landes zum Opfer fielen. Gemälde und Graphiken haben das fürchterliche Morden in den Straßen von Paris dargestellt und die Nachricht weit verbreitet.

Erst Jahre später, 1593, trat Heinrich zum katholischen Glauben über. Ob er dabei den berühmt gewordenen Satz «Paris ist eine Messe wert» aussprach, ist nicht gesichert. Die offizielle kirchliche Zeremonie und der Empfang der Kommunion fan-

V J. Fouquet, Stundenbuch Étienne Chevaliers, 1452–60, Metropolitan Museum, New York (Ausschnitt)

VI Allianz Ludwigs XIV. mit den Schweizer Bundesstaaten,
Histoire du Roi, Tapisserie, 1663, Florenz, Uffizien

VII P. de Champaigne,
Gelübde Ludwigs XIV., um 1650,
Hamburger Kunsthalle

VIII Gelübde von Ludwig XIII. im Chor von Notre-Dame

IX P. de Champaigne,
Gelübde Ludwigs XIII., 1638,
Musée des Beaux-Arts de Caen

den nicht in Notre-Dame, sondern in der Abteikirche von St. Denis statt. Wegen der militärischen Lage konnte er nicht als Heinrich IV. in Reims gekrönt werden. Um möglichen Angriffen der Gegner zu entgehen, wählte man die Kathedrale von Chartres für den feierlichen Akt. Wie es die Tradition verlangte, zog er unter größter Beteiligung der Pariser Bevölkerung am 22. März 1594 als König von Frankreich und Navarra in die Hauptstadt und zur Messe in Notre-Dame ein. Stiche mit Kommentaren zeigen den König, wie er inmitten seiner Truppen und einer dichten Menschenmenge auf das Hauptportal der Kathedrale unter der Königsgalerie zureitet (Abb. 12).

Festliche Ereignisse und Staatstrauer

Auch im 16. und 17. Jahrhundert blieb die Kathedrale ein lebendiger Ort der Marienanbetung durch Pilger und Gläubige der Stadt Paris. Die Gottesmutter wurde an dem ihr geweihten Altar auf der rechten Seite des Lettners angerufen. Ein Kupferstich aus dem 17. Jahrhundert von Balthazar Moncornet dokumentiert den Aufbau des Monumentes in allen Details (Abb. 13). Die Inschrift auf der Draperie oben mit dem Titel «Memorare» erinnert daran, dass der Hilferuf an Maria niemals vergeblich gewesen sei. Neben dieser populären Verehrung der Maria, die Notre-Dame seit dem Mittelalter den Charakter einer Wallfahrtskirche verlieh, wurde die Königskirche unter den seit Heinrich IV. regierenden Bourbonen immer stärker in Anspruch genommen. Chor und Langhaus waren Schauplatz politisch-zeremonieller Demonstration und Repräsentation, die die Machtverhältnisse zwischen Staat und Kirche in dieser Epoche spiegelten. Manche Bischöfe waren herausragende Gelehrte, die als königliche Berater eine wichtige Rolle spielten. Nicht selten traten sie als Vermittler in Auseinandersetzungen mit dem Papst auf.

Die Kirchenfürsten von Paris gehörten nicht zu den Pairs, den Hochadeligen Frankreichs, und nahmen daher nicht an den Krönungsfeierlichkeiten in Reims teil. Paris war Suffragan des Erzbistums Sens. Der zunehmende Einfluss der Bischöfe und des

13 B. Moncornet, Die Wunder am Marienaltar, Kupferstich, 17. Jahrhundert

Kapitels bewirkte, dass sie sich von der Unterordnung 1622 lösen konnten, als Papst Gregor XV. mit Unterstützung Ludwigs XIII. das Bistum Paris zum Erzbistum erhob. Ludwig XIV. berief die Erzbischöfe von Paris im Jahre 1674 zusätzlich in den

Stand von Herzögen von Saint-Cloud, wodurch er sie eng an das Königshaus zu binden wusste. Seit 1623 diente die Kapelle auf der benachbarten Insel St.-Louis als Pfarrkirche.

Als Kathedrale diente Notre-Dame zunehmend für zeremonielle Ereignisse des Hofes, wie Hochzeiten, Dank- und Trauergottesdienste, über die König und Regierung in Absprache mit dem Kapitel entschieden. Die Feierlichkeiten organisierte, oft mit großem Aufwand, eine königliche Behörde, die sogenannten Menus-Plaisirs, ein deutliches Zeichen für den staatlichen Anspruch auf die Nutzung dieses heiligen Ortes. Die Kathedrale wurde zu solchen Anlässen völlig umgestaltet, Musikstücke und Reden in Auftrag gegeben. Die kostspieligen Ereignisse fanden durch die aus diesem Anlass gedruckten Reden und Kupferstiche in ganz Europa weite Verbreitung. Seit dem 16. Jahrhundert, parallel zu italienischen und spanischen Gewohnheiten, wurde gelegentlich sogar verstorbenen ausländischen Fürsten, vor allem den bourbonischen Verwandten auf den europäischen Thronen, diese Ehre zuteil.

Selbst politischen Gegnern konnte durch eine Messe Ehre erwiesen werden, wodurch der französische Monarch die besondere Verbundenheit mit anderen Königshäusern demonstrierte. Vor allem unter Ludwig XV. und Ludwig XVI. wurden Hochzeiten und Trauergottesdienste dazu genutzt, den Zusammenhalt der Familie zu dokumentieren. In der Epoche der Aufklärung des 18. Jahrhunderts sollte einerseits sichtbar werden, dass die Güte und Herzlichkeit des Herrschers seinen Umgang mit dem Volk kennzeichne. Die offiziellen Ansprachen (Oraisons funèbres) gaben andererseits die Möglichkeit, gegen die Ansichten der opponierenden Philosophen Stellung zu nehmen.

Zu den repräsentativsten Veranstaltungen in der Kathedrale gehörten die Aufbahrungen von Mitgliedern der königlichen Familie oder verdienter Militärs. Die ganze Kirche erhielt bei diesen sehr kostspieligen Ereignissen einen von Künstlern entworfenen aufwendigen Dekor, in dessen Mittelpunkt das Castrum doloris, der Katafalk des Verstorbenen, stand. In Italien gab es für diese Inszenierungen bereits eine längere Tradition, die die französischen Dekorateure des 17. und 18. Jahrhunderts inspirierte. Ausführliche Beschreibungen und detaillierte Stiche geben Auskunft über die Konstruktionen, die dem Publikum nur vorübergehend vor Augen standen. Eindrucksvoll geschmückt wurde Notre-Dame mit einem dreistöckigen Katafalk für den 1669 gestorbenen Duc de Beaufort, François de Bourbon-Vendôme. Der Herzog hatte ein abenteuerliches Leben geführt, lange Zeit in Opposition zum König, zu Richelieu und Mazarin. Nach der Versöhnung mit dem Monarchen 1653 war er ein erfolgreicher Befehlshaber der Marine. Er fiel im Kampf gegen die türkische Flotte vor Kreta.

Auch andere erfolgreiche Heerführer gelangten zu der Ehre, in der Kathedrale von Paris aufgebahrt zu werden. So wurde für den berühmten Marschall Henri de la Tour d'Auvergne, Vicomte de Turenne, ein von dem Jesuiten Père Claude-François Menestrier erdachtes Programm ausgeführt, das höchst komplex mit Allegorien und Symbolen geradezu überfrachtet war.

Die wohl prächtigste Ausschmückung von Notre-Dame fand nur wenige Jahre später, 1687, für Louis II François de Bourbon, Duc de Condé statt (Abb. 14). Der höchst begabte Vetter Ludwigs XIV., dessen ehrgeiziger Vater ihm eine vorzügliche Ausbildung auf einem Jesuitenkolleg gewährt hatte, erwarb sich bereits als junger General große Popularität durch seine brillanten Siege, wie etwa 1643 in Rocroi gegen die habsburgischen Truppen. Lange Jahre hatte er sich der *Fronde* angeschlossen, musste als Gegenspieler Ludwigs XIV. sogar Gefängnis und Exil in Kauf nehmen. Nach seiner Unterwerfung und der Versöhnung mit dem König konnte er als Heerführer wichtige Schlachten im sogenannten Devolutionskrieg um spanischen Besitz in den Niederlanden 1667/68 und gegen Holland erringen. In seinen letzten Lebensjahren zog er sich nach einem dramatischen, schillernden Leben in sein Schloss Chantilly zurück.

Das mit größten Kosten verbundene Castrum doloris entwarf Jean Berain. Im Chor von Notre-Dame wurde ein hoher Baldachin errichtet, unter dem der Sarkophag aufgestellt war. Darüber stand eine große Urne, über der die Allegorie der Unsterblichkeit mit dem Bildnis des Condé schwebte. Das ganze Monument war von einem Dach bekrönt, von dem sich lilienbestickte

14 Katafalk für den Duc de Condé nach Entwürfen von J. Berain, Kupferstich, 1687

Draperien über die ganze Breite des Chorraumes ausbreiteten. Das Langhaus war mit Stoffbahnen ganz ausgeschlagen, auf denen abwechselnd Rüstungen und Wappen angebracht waren.

Die Tradition dieser Trauergottesdienste setzte sich im 18. Jahrhundert fort, auch für Verwandte auf ausländischen Thronen, die nicht in Frankreich beerdigt wurden. Im Jahre 1746 fand eine eindrucksvolle, von dem Bildhauer Sébastien Slodtz entworfene Inszenierung zu Ehren des 1746 gestorbenen spanischen Königs Philipps V., eines Enkels von Ludwig XIV., statt. Bei diesen Staatsakten «sans dépouille» (ohne den Leichnam) konnten die Redner mit Nachdruck auf den familiären Zusammenhalt der Bourbonen verweisen. Das Königshaus vermittelte in Notre-Dame seine Politik der internationalen Bezie-

15 C. N. Cochin, Pompe funèbre zu Ehren Phillip V., Kupferstich, 1746

hungen und betonte gleichzeitig enge familiäre Verbundenheit. Der Bourbone Philipp V. fand sein Grab in Spanien, wurde aber nach seinem Tode durch das Requiem in der Kathedrale von Paris im übertragenen Sinn wieder auf französischen Boden heimgeführt (Abb. 15).

Calvinisten im Chor von Notre-Dame

Seit dem Mittelalter hatte sich die Ausstattung des Chors von Notre-Dame bis zum Ende des 17. Jahrhunderts kaum geändert. Nur der Lettner war verschiedentlich erneuert worden. Er wies auf der nördlichen Seite einen dem hl. Sebastian und auf der südlichen einen der Madonna geweihten Altar auf. Begräbnisse fanden weiterhin statt, aber nur noch von Bischöfen und Mitgliedern der königlichen Familie. Die 55 jährlich durchgeführten feierlichen Staatsakte wurden des großen Aufwands wegen auf 39 reduziert; denn offenbar waren die meist prächtig ausgestatteten Unternehmen weder organisatorisch noch finanziell zu bewältigen.

Ein anschauliches Beispiel für ein festliches Ereignis, bei dem Kirche und Staat zusammenwirkten, war die Erneuerung von Frankreichs Allianz mit den Schweizer Bundesstaaten unter

Ludwig XIV. am 18. November 1663. In diesem Fall ist uns ein bildliches Zeugnis, ein Gobelin aus der Serie der «Histoire du Roi», erhalten (Abb. VI). Der Vorgang galt als ein diplomatisch geschickter Schachzug des Königs, da die Schweiz als neutraler Nachbar, der gleichzeitig wichtige Söldnertruppen stellte, erneut für die französischen Interessen gewonnen wurde. Die von Charles Le Brun entworfene Tapisserie schildert den Schwur der Partner, wobei die Anwesenheit von Calvinisten im Chor von Notre-Dame strenggläubigen Zeitgenossen als Herausforderung erschienen sein musste. Der Ablauf der Zeremonie ist nicht historisch korrekt dargestellt. Ludwig XIV. und sein Gegenüber, der Bürgermeister von Zürich, Jean-Henri Waser, leisteten den Schwur nicht gleichzeitig, sondern nacheinander. Die durch ihre Bildnisse identifizierbaren Teilnehmer sind so angeordnet, dass sie, wie bei einem Gruppenfoto, vom Betrachter erkannt werden können.

Mittelalterliche Architektur hatte für diesen politischen und höfischen Vorgang keine Bedeutung. Nur wenige Details verweisen auf den Chor von Notre-Dame, da kostbare Tapisserien nach Raphael und die Podeste mit den Anwesenden die Architektur fast ganz verdecken. Erkennbar ist jedoch, dass der Altar durch ein Kreuz und eine Madonnenfigur sowie mit Leuchtern ausgestattet war. Im Hintergrund ist, als einziger Hinweis auf den Ort, ein gotisches Fenster erkennbar. Das Kreuz des Ordens de St. Esprit (vom Heiligen Geist) auf dem Brokat im Zentrum der Komposition war sicherlich wegen der Anwesenheit des Königs dort angebracht.

Die propagandistische Botschaft des Gobelins ist leicht zu erkennen. Der König steht in der Mitte und überragt durch seine Größe, durch die Kopfbedeckung noch gesteigert, alle anderen Teilnehmer. Er beherrscht die Komposition. Der Kardinal wurde hinter dem Altar zur Seite gerückt, und der Vertragspartner, der Bürgermeister von Zürich, steht ganz am Rande.

Das Kapitel der Kathedrale trat bei dem Ereignis offenbar völlig zurück. Die Messe las der Bischof von Chartres. Antonio Barberini, Erzbischof von Reims und Großalmosenier von Frankreich, beglaubigte den Schwur auf die Heilige Schrift.

Das Gelübde Ludwigs XIII.

Es erschien wie ein Wunder, dass bei dem Brand des Daches von Notre-Dame am 15. April 2019 die hinunterstürzenden schweren Balken nicht den Altar beschädigten (Abb. VIII). Auf der ersten veröffentlichten Fotografie sind der Altar und vor allem die drei bedeutenden Skulpturen der Pietà und der knienden Könige (Ludwig XIII. und sein Sohn Ludwig XIV.) unversehrt. Diese Skulpturen gehören zur Umgestaltung des Chors unter den Architekten Jules Hardouin-Mansart und Robert de Cotte zwischen 1685 und 1715, an deren Programm der Sonnenkönig selbst aktiv Anteil nahm. Seinen Ursprung hatte dieses prachtvolle und kostspielige Unternehmen jedoch ein halbes Jahrhundert früher. Ludwig XIV. erfüllte ein Gelübde seines Vaters, das dieser 1638 ausgesprochen hatte. Meist wurde der «Voeu» mit der Geburt seines Sohnes, auf den Ludwig XIII. und seine Gemahlin, Anna von Österreich, 28 Jahre warten mussten, verbunden.

Allerdings hatte der fromme Ludwig XIII. bereits seit ca. 1630 die Absicht, ein öffentliches Gelübde, durch das er sich selbst und sein Königreich der Muttergottes widmete, abzugeben. Insbesondere die das Land zerreißenden kriegerischen Auseinandersetzungen mit den Hugenotten, aber auch Widerstände gegen seine Politik aus den Kreisen seiner Familie hatten ihn persönlich tief betroffen. Als 1635 spanische Truppen in Frankreich einmarschierten, sorgte Kardinal Richelieu dafür, dass der König sein Gelübde aussprach.

Richelieu schlug in einem Brief vom 19. Mai 1636 die Stiftung einer kostbaren Lampe vor, die in Notre-Dame vor dem Altar ihren Platz fand. Eine Verstärkung der Frömmigkeit könne nur zu sehr guten Ergebnissen führen, schrieb der Kardinal. Ludwig XIII. bestimmte jedoch selbst ein viel umfangreicheres Programm. Es sollten in ganz Frankreich in den Kirchen Altäre der Madonna geweiht werden und am Tage der Himmelfahrt Mariens jedes Jahr Prozessionen stattfinden. Für die Hauptstadt Paris war die Erneuerung des Hochaltars in Notre-Dame geplant, die das Gelübde dauerhaft sichtbar machen sollte. 1638 wurde der lange Text des Gelübdes dem Parlament vorgelegt.

Darin stellt Ludwig XIII. fest, er selbst, sein Staat, seine Krone und alle seine Untertanen begeben sich unter den Schutz der Maria, des Heiligen Kreuzes und des Sohnes Gottes, um ihre besondere Fürsorge gegen alle Feinde zu erbitten.

Ein erstes, für die Bevölkerung sichtbares Dokument dieses Vorgangs war ein Altarbild, das Philippe de Champaigne 1638 ausführte (Abb. IX). Es stellt dar, wie der König Maria, mit dem Leichnam Christi in ihren Armen, Krone und Zepter darbietet. Das Gemälde (heute in Caen, Musée des Beaux-Arts) befand sich seit 1638 bis zur Französischen Revolution am süd-östlichen Vierungspfeiler von Notre-Dame.

Als der König das Gelübde im Februar 1638 bestätigte und veröffentlichte, war nur noch am Rande von der militärischen Bedrohung die Rede. Der Dank und die Übergabe der Regierungsinsignien an die Muttergottes galten seit September nun dem wunderbaren Ereignis, dass nach langer Wartezeit der ersehnte Thronfolger, Ludwig XIV., geboren worden war. Schriften und Kupferstiche machten das Ereignis bekannt; ganz Frankreich feierte.

Anna von Österreich gab nach dem Tod ihres Gemahls wieder bei Philippe de Champaigne 1650 ein weiteres Gemälde in Auftrag. Es zeigt, wie nun der junge Ludwig XIV. das Gelübde an Maria erneuert, was in der Tat am 25. März 1650 in Dijon stattfand. Nur ein kleinformatiger Entwurf des geplanten Bildes ist überliefert (Hamburg, Kunsthalle, Abb. VII). Das Gemälde illustriert, dass nun der Sohn das Gelübde seines Vaters übernehmen werde, was wiederum erst Jahrzehnte später geschah. Neu ist ein entscheidender ikonographischer Unterschied. Der junge Ludwig XIV., geleitet von seiner Mutter, überreicht nun Maria mit dem Kind und nicht mehr der Schmerzensmutter mit dem toten Christus Krone und Zepter. Es handelt sich um eine wichtige Sinnverschiebung. Das zweite Gemälde von Philippe de Champaigne deutet das Gelübde sehr klar im Sinne der Dankbarkeit über die Geburt des Nachfolgers um.

Auf die Ausführung des Gelübdes Ludwigs XIII. musste das Kapitel von Notre-Dame lange warten. Erst 1685 versprach der König, sich um die Angelegenheit zu kümmern, und er beschäftigte sich mit ersten Projekten. Dennoch sollten Jahre vergehen. Der Erzbischof von Notre-Dame, Louis-Antoine de Noailles, suchte die Unterstützung von Madame de Maintenon, der in morganatischer Ehe mit Ludwig XIV. verbundenen Gemahlin, um an das Gelübde zu erinnern. Endlich bewilligte der König Geld für die Neuausstattung seiner, wie er sich stets ausdrückte, «première église de son royaume».

Ludwig XIV. entschied die Ausführung des «Voeu» in einem historisch entscheidenden Moment, denn in demselben Jahr 1685 widerrief der König das Edikt von Nantes, wodurch die bereits seit einiger Zeit eingeleiteten Verfolgungen und Vertreibungen der Hugenotten zur offiziellen Politik erklärt wurden. Der König war einerseits durch Madame de Maintenon, seinen Beichtvater François d'Aix de la Chaise und vor allem den Kanzler François Michel Le Tellier de Louvois, den Nachfolger Jean-Baptiste Colberts, zu dieser Entscheidung gedrängt worden. Der fromm gewordene Ludwig suchte seine Rolle als Verteidiger des Christentums, als Rex christianissimus, dadurch zu erfüllen, nur die katholische Kirche in Frankreich zuzulassen. Da allein auf diese Weise die Einheit des Landes und seine Autorität gewährleistet werden könnten, seien Verfolgungen Andersgläubiger zu rechtfertigen. Der Sonnenkönig erinnerte mit dieser Entscheidung auch an seinen Vater, der sein Leben lang gegen die Hugenotten gekämpft hatte, was in dem offiziellen Dokument der Aufhebung des Edikts von Nantes erwähnt wird. Die Ausstattung des Chors von Notre-Dame mit den beiden sich an die Pietà wendenden Königsskulpturen bringt die Bitte der beiden Monarchen zum Ausdruck, der katholischen Nation ihren Schutz zu verleihen. Indem die beiden Monarchen Maria die Regalien überreichen, hoffen sie auf ihre aktive Mitwirkung bei dieser großen Aufgabe.

Im Februar 1685 wurde eine Kommission für das Projekt berufen. Der Kriegsminister François Louvois besuchte persönlich Notre-Dame, um sich mit dem Kathedralkapitel abzusprechen und sich über die liturgischen Zeremonien zu informieren. Im Sommer desselben Jahres dankten der Erzbischof und das ganze Kapitel Ludwig XIV. für seine Anteilnahme an den Arbeiten für den neuen Altar. Allerdings wurde das Projekt durch den pfälzischen Krieg, der alle finanziellen Ressourcen des Staates erforderte, nochmals unterbrochen.

Erst kurz vor der Jahrhundertwende 1700 konnte der Umbau des Chors wieder aufgenommen werden. Verantwortlich war die königliche Bauverwaltung unter dem Architekten Hardouin-Mansart, nicht etwa das Kathedralkapitel. Ohne Rücksicht auf die mittelalterliche Bausubstanz sahen die Pläne, die dem König vorgelegt wurden, eine große Baldachinarchitektur in der Art der Kathedra Petri in Rom von Lorenzo Bernini vor. Ein ähnlicher, allerdings in den Ausmaßen sehr viel kleinerer Altaraufbau war schon für die Kirche Val-de-Grâce geschaffen worden. Eine solche barocke Umgestaltung des gotischen Chors durch einen hohen Baldachin erschien selbst dem König unpassend. Bei einer Besichtigung des Modells am 20. Mai 1701 in der Kirche empfahl er, den Lettner abzureißen und den Altar in die Mitte der Vierung zu verschieben. Über diesen Vorschlag ergab sich in den folgenden Jahren eine intensive Auseinandersetzung mit dem Erzbischof und den Kanonikern.

Die endgültige Ausführung eines neuen Plans der Ausstattung des ganzen Chors sollte erst 1708–1715 nach dem Tod von Hardouin-Mansart, unter seinem Nachfolger Robert de Cotte gelingen. Der Abbruch des Lettners ermöglichte den freien Blick vom Langhaus in die Tiefe des Chors, in dem der neue Altar von weitem sichtbar sein sollte. Für die grundlegende Neueinrichtung des Raumes wurde zunächst ein kostbarer, vielfarbiger Marmorfußboden von der Vierung bis ins Chorpolygon ausgelegt. Der westliche Teil des Chors erhielt ein neues Chorgestühl mit 141 Sitzen, geschmückt durch kostbare Holzschnitzereien, die das Leben der Maria darstellten. Darüber hingen Gemälde, die ein Kanoniker gestiftet hatte. Über einige Stufen führte der Weg ins Presbyterium und von dort in das nochmals durch Stufen erhöhte und von einer Balustrade abgetrennte Sanktuarium. Eine Marmorverkleidung verdeckte die gotischen Arkaden (Abb. 16). Im April 1714 waren diese Arbeiten weitgehend abgeschlossen, und der König ließ ein Te Deum aufführen, um den Friedensvertrag von Rastatt zu feiern.

Den schlichten Altar bekrönte ein hohes Kreuz, das heutige ist eine moderne Neugestaltung. Davor steht die Skulpturengruppe der Pietà, also der Muttergottes mit dem toten Christus auf ihrem Schoß, von zwei Putti begleitet. An diesen Skulpturen arbeitete Nicolas Coustou in den Jahren 1713 bis 1715. Den Altar flankierten damals wie heute die knienden Marmorfiguren der beiden Könige, rechts der Ältere, wie er die Regalia überreicht, von Guillaume Coustou, links der Jüngere, von Antoine Coysevox, beide aus dem Jahre 1715. Um den Altar herum, vor den Arkaden schmückten bronzene, lebensgroße Engel mit den Leidenswerkzeugen Christi das Chorpolygon.

Die Erfüllung des Gelübdes stellte sich theatralisch als eine barocke Inszenierung dar. Die Umgestaltung war die bedeutendste Veränderung, die die gotische Kathedrale seit ihrer Entstehungszeit erhielt. Mit diesem Programm, das in langer Planungszeit und nicht ohne vielfachen Konzeptionswandel entstanden war, nahm Ludwig XIV. in gewisser Weise die Kathedrale in seinen Besitz. Gegen die königliche Bauverwaltung versuchten Erzbischof und Kathedralkapitel immer wieder zu intervenieren, gelegentlich mit Erfolg, wenn es darum ging, die «usances», die traditionellen liturgischen Abläufe, nicht zu behindern. Die Preisgabe des Baldachins und die Entscheidung, den Altar der mittelalterlichen Tradition entsprechend im Chorpolygon zu belassen, ging vermutlich auf den Wunsch der Kirche zurück.

Mit der Figurengruppe verlieh Ludwig XIV. der Kathedrale von Paris einen politischen Charakter. Im Zentrum des Chors knien die beiden Könige vor der Pietà und überreichen die Regalien. Als lebensgroße Figuren nahmen sie gleichsam die Rolle von Heiligen an. Ihre Porträts neben dem Altar konnten geradezu als anmaßend empfunden werden. Um diese Inszenierung herstellen zu können, musste der Reliquienschrein des hl. Marcellus in den Chorumgang weichen. Erzbischof de Noailles stiftete für den Ortsheiligen ein kostbares Gehäuse.

Das ganze Sanktuarium sollte auf die besondere Beziehung der beiden französischen Könige zu Christus und Maria konzentriert werden. Das Kathedralkapitel, das für die Messen im Sinne der Lehre des katholischen Glaubens verantwortlich war,

16 Altarraum von Notre-Dame mit dem Gelübde Ludwigs XIII., Kupferstich, aus: J.-F. Blondel, Architecture Française ..., 1752 ff.

hatte bei der Durchführung seiner liturgischen und pastoralen Aufgaben stets die Bildnisse der Monarchen vor Augen. Die Umgestaltung des Chors von Notre-Dame kann daher nicht nur als eine Modernisierung im Sinne italienischer Formen interpretiert werden. Die Erfüllung des Gelöbnisses von Ludwig XIII. durch seinen Sohn war vielmehr eine Demonstration der kirchenpolitischen Rolle, die der Sonnenkönig als Monarch für sich beanspruchte.

In diesem Zusammenhang ist noch einmal auf die Tatsache zurückzukommen, dass vermutlich Ludwig XIV. selbst entschied, auf dem Altar die Pietà und nicht eine Muttergottes mit Kind darstellen zu lassen, um damit dem Wortlaut seines Vaters, wie er im Gelübde formuliert war, Folge zu leisten. Ludwig XIV. hatte gerade in den Jahren des bis 1714 dauernden Spanischen Erbfolgekrieges gute Gründe, den «Voeu» ausführen zu lassen und sich mit seinem Bildnis dem Programm seines Vaters anzuschließen, befand er sich doch in einer vergleichbaren dramatischen politischen Situation.

Ludwig XIV. starb am 1. September 1715. Erzbischof de Noailles schrieb umgehend an den Regenten, Philippe Duc d'Orléans, und bat darum, die Eingeweide des großen Königs sollten im Gedenken ihrer «piété et magnificence» (ihrer Frömmigkeit und Pracht) wie die seines Vaters in Notre-Dame beigesetzt werden. Dies geschah vor dem Altar am 4. September 1715. Am 28. November fand ein feierlicher Gedenkgottesdienst mit einem großen Katafalk zu Ehren Ludwigs XIV. statt.

Die Arbeiten im Chor waren allerdings noch keineswegs vollendet. Das Antependium des Altars mit der Darstellung der Grablegung Christi, entworfen von François-Antoine Vassé, vollendete dessen Sohn, Louis-Claude Vassé. Die Altäre in der Vierung gelangten erst unter Ludwig XV. zur Ausführung. Obwohl die königliche Bauverwaltung an den Entwürfen und der Ausführung mitwirkte, beteiligte sich das Königshaus nicht mehr an den Kosten.

Die barocke Umformung des Chors durch Ludwig XIV. erhielt im 18. Jahrhundert allgemein großes Lob. Gerühmt wurden die Pracht des kostbaren Marmorfußbodens und die künstlerische Qualität der Skulpturen. Allerdings erhoben sich bereits während der Planung um 1700 auch Stimmen, die die Form des Altares als einen unangemessenen Eingriff in die mittelalterliche Architektur empfanden. Das Projekt zerstöre «die Einheitlichkeit der Kirchenarchitektur und mache durch ihren Glanz den aufgrund des Alters ehrwürdigen gotischen Bau nur lächerlich ... ein früher Versuch, den zeitgenössischen Architekten Empfehlungen für den Umgang mit gotischen Kirchen zu geben» (Krause 1989, 36).

Stiftungen der Bürger: Die «Mays» (Maibilder)

Schon vor der prachtvollen königlichen Präsenz im Innenraum erhielt Notre-Dame seit dem 15. Jahrhundert regelmäßige Stiftungen, mit denen sich auch die Bürger zu ihrer Kathedrale bekannten. Vor allem die Zünfte förderten die Kirchen in Paris. Sie übernahmen die Finanzierung von liturgischem Gerät oder farbigen Fenstern. In Notre-Dame waren die wohlhabenden Goldschmiede, die ihre Läden und Werkstätten auf der Seinebrücke in der Nähe besaßen, besonders großzügige Spender. Sie suchten natürlich, sich mit einem Gotteshaus zu verbinden, das ihnen sichtbar das größte soziale Prestige verschaffte. Zwei Zünfte dieses Berufszweiges, die Bruderschaften Ste. Anne und St. Marcel, vereinigten sich 1495 zur «Confrérie Sainte-Anne» und traten neben dem Königshaus als die bedeutendsten Stifter der Kathedrale auf.

Bereits seit der Mitte des 15. Jahrhunderts veranstalteten die Goldschmiede eine jährliche Prozession und errichteten am 1. Mai einen Baum zu Ehren der hl. Anna und der Jungfrau Maria. Nach langen Verhandlungen erhielt die Bruderschaft durch das Kathedralkapitel Ende des 15. Jahrhunderts eine eigene Kapelle im nördlichen Umgang des Chors von Notre-Dame. Donationen von Goldschmiedearbeiten, kleine Gemälde, die als Schmuck der Kapelle dienten und das Leben von Anna und Maria illustrierten, sowie eine Art Tabernakel, das immer wieder mit neuen Bildern geschmückt wurde, dienten bei den festlichen Umzügen und verblieben in der Kapelle. Es war ein besonderes Privileg, dass die Goldschmiede den Schrein mit den Reliquien des hl. Marcellus, des ersten Bischofs von Paris, auf ihrer Prozession durch die Stadt tragen durften. Tradition war das Verlesen von Gedichten und Lobsprüchen an Maria und Anna am Tag des Umzugs.

Die meisten der sehr kostbaren Goldschmiedearbeiten sind verloren. Einige Objekte finden sich in der Schatzkammer von Notre-Dame, im Louvre oder in anderen Museen. Auch die Tabernakel kennen wir nur aus Stichen. Das letzte, geradezu monumentale Werk mit Gemälden auf drei Seiten hing, wie eine Laterne, in der Mitte des Langhauses der Kathedrale, was ein Gemälde des 17. Jahrhunderts deutlich erkennen lässt (Abb. X).

Immer wieder veränderte die Bruderschaft in Beratungen mit dem Kapitel die Statuten. Im frühen 17. Jahrhundert wurde die Entscheidung getroffen, jedes Jahr ein großes religiöses Historienbild (Höhe 6,50 m) zu stiften. Die Tradition begann 1630 und endete erst Anfang 1707. Die sogenannten Mays (Maibilder) schmückten die Rundpfeiler des Langhauses, was auf Stichen und Gemälden des Inneren von Notre-Dame zu sehen ist. Die Kosten für die Werke, die die angesehensten Maler der Epoche ausführten, hatten die «Maîtres», die gewählten Vertreter der Confrérie, selbst aufzubringen. Die Künstler erhielten mit 400 Livres ein sehr gutes Honorar. Sie mussten allerdings zusätzlich drei kleinere Kopien ausführen, die für die beiden gewählten Meister der Zunft und das Kapitel bestimmt waren.

Am Ende des 17. Jahrhunderts geriet die Stiftung der Gemälde in Schwierigkeiten. Seit 1707 konnten, anscheinend der hohen Kosten wegen, keine Aufträge mehr vergeben werden. Allerdings stellte sich auch die Frage, ob die großen Gemälde wirklich noch ihren Sinn erfüllten. 76 Werke waren ausgeführt worden. Die Pfeiler waren längst alle mit Bildern behängt und manche Gemälde in den Seitenschiffen und Kapellen untergebracht worden. Man kann sich vorstellen, dass weitere Werke kaum noch Platz finden konnten. Dokumente belegen allerdings, dass das Kathedralkapitel sehr wohl an der Fortführung des Festes und der Maibilder interessiert war. Schwierige Verhandlungen und sogar langwierige juristische Auseinandersetzungen fanden statt. Eine Einigung kam nicht zustande. Die enge Verbindung der Goldschmiede mit Notre-Dame wurde schließlich 1712 aufgekündigt und die Kapelle der hl. Anna geschlossen.

Das Innere der Kathedrale erhielt durch die Maibilder ein fast galerieartiges Aussehen. Die Gemälde stellten Szenen aus dem Leben der Apostel und Heiligen dar. Jedem Pfeiler des Langhauses, in dem sich die Gemeinde befand, wurde eine historische Gestalt zugeordnet. Das Gebäude «stützte» sich auf diese Weise symbolisch auf die Apostel und Märtyrer. Sie hatten das Christentum in die Welt getragen und sich für ihren Glauben geopfert. Die Bilder an den Pfeilern setzten in gewisser Weise die Tradition der Ausmalung der Wände in den romanischen Kirchen oder die der Kirchenfenster der Gotik fort. Nun aber waren sie aus der Entfernung in die Nähe gerückt und standen den Gläubigen unmittelbar vor Augen.

X Anonym, Interieur von Notre-Dame, 18. Jahrhundert, Paris, Musée Carnavalet

XI Ch. Lebrun, Martyrium des hl. Andreas, um 1647, Modello, Los Angeles, J. Paul Getty Museum

XII Ch. Percier und P.-F. Fontaine, Kaiserkrönung Napoleons I., 1804, Blick in den Chor von Notre-Dame

XIII J.-L. David, Napoleon krönt Joséphine, 1804,
Gemälde vollendet 1807,
Paris, Musée du Louvre (Ausschnitt)

Ein solches Bildprogramm entsprach den religiösen Bestrebungen der Gegenreformation des 17. Jahrhunderts. Als programmatische Bildpropaganda entstanden nicht nur in Notre-Dame, sondern auch in anderen Kirchen in Paris und den französischen Provinzen Bilderzyklen zur Veranschaulichung der katholischen Glaubensinhalte. Die mittelalterlichen Skulpturen der gotischen Portale fanden gleichsam im Inneren durch die Maibilder eine religionspolitische Erneuerung und Modernisierung.

Die Kanoniker der Kathedrale sprachen die Themen und die Bilderklärungen mit der Zunft ab. Am Tag vor dem 1. Mai wurde das vollendete neue Werk öffentlich vor dem mit Fackeln beleuchteten Portal von Notre-Dame ausgestellt. In den sie begleitenden Texten wandten sich die Goldschmiede immer sowohl an die Jungfrau Maria als auch an den König und stellten sich damit unter den Schutz des kirchlichen und monarchischen Patronats.

Bereits im 17., aber vor allem im 18. Jahrhundert begannen Besucher die Kathedrale der Gemälde wegen zu besichtigen, weniger aus Gründen der Andacht. Die gegenreformatorische Ausstattung hatte das Ziel, den Besuchern die Glaubensinhalte anschaulich vor Augen zu führen, vor allem die christlichen Märtyrer als Vorbilder moralischen Verhaltens in Erinnerung zu bringen. Die von den Goldschmieden gestifteten Gemälde waren jedoch auch Kunstwerke, von den berühmtesten Malern des 17. Jahrhunderts angefertigt, wie Claude Vignon, Sébastien Bourdon, Charles Lebrun (Abb. XI), Eustache Lesueur, Laurent de La Hyre, Antoine Coypel, Jean Jouvenet. Viele waren Mitglieder der Königlichen Akademie. Das Gotteshaus wurde in gewisser Weise ein Museum für Maler, Sammler und Kunstliebhaber. Am Eingang konnte man eine Liste der Gemälde mit biographischen Angaben über die Künstler und die illustrierten Themen erhalten, keinen Katalog in unserem modernen Sinne, aber eine frühe Form dieser Gattung.

Am Ende des 18. Jahrhunderts waren die Gemälde offenbar so verschmutzt, dass das Kathedralkapitel eine Restaurierungskampagne begann. Ein Katalog mit nun ausführlichen Beschreibungen der Gemälde und Angaben über die Künstler wurde veröffentlicht. Die Beschreibung der Werke endet mit der Aussage, dass das Kathedralkapitel die Bedeutung dieser Sammlung von Bildern erkannte und 1781 weitere Restaurierungen in Auftrag gab, nachdem bereits 1732 erste Werke gereinigt worden waren. «Sie haben an nichts gespart, um den Augen der Nation eine der schönsten Epochen der Malerei in Frankreich zu unterbreiten» (Description historique des tableaux de l'église de Paris, 1763, 110 und 1781, 32).

Den Auftrag für ein Maibild zu erhalten, bedeutete für die Maler eine hohe Anerkennung. Die dauerhafte Ausstellung des Gemäldes an dem privilegierten und hoch frequentierten Ort im Langhaus von Notre-Dame trug erheblich dazu bei, den Namen der Künstler bekannt zu machen. Zeichnungen und Ölskizzen zirkulierten in den Maler- und Sammlerkreisen. Die meisten Werke wurden durch Stiche verbreitet und dienten in ihren Kompositionen als Referenzwerke für religiöse Themen. Auf diese Weise entwickelten sich die «Mays» zu dem bedeutendsten und populärsten Bilderzyklus der religiösen Historienmalerei Frankreichs im 17. und frühen 18. Jahrhundert.

Um die Mitte des 18. Jahrhunderts entsprach der für die Epoche kennzeichnende Skeptizismus der Aufklärer nicht mehr den religiösen Botschaften, die die Gemälde vermitteln sollten. Dieser Umstand verhinderte aber nicht, dass die Kenner der Malerei aus künstlerisch-ästhetischen Gründen Notre-Dame aufsuchten und die Gemälde bewunderten. In den Reiseführern und Beschreibungen der Kunstwerke der Stadt Paris sind sie stets aufgeführt. Auch die sich entwickelnde öffentliche Kunstkritik, vor allem aus Anlass der im Louvre veranstalteten Salons, repräsentierte den Wandel von einer religiösen Rezeption der Gemälde zu einer ästhetischen Betrachtung.

Meist vernachlässigten die Autoren der Reiseführer die Beschreibung der Architektur von Notre-Dame vollständig und begnügten sich mit der Liste der in der Kirche aufbewahrten Gemälde. Zu diesem Zeitpunkt erhoben sich jedoch auch vereinzelte Stimmen, wie die des Abbé Marc-Antoine Laugier, der die Meinung vertrat, die Gemälde verunstalteten die Wahrnehmung der gotischen Architektur, die immer stärker als eine herausragende Leistung des Mittelalters wiederentdeckt wurde.

Kardinal de Beaumont

Mit dem Kampf gegen den Jansenismus hatten sich bis zur Revolution auch die Nachfolger von Noailles zu befassen. Der streitbarste und entschiedenste Erzbischof von Notre-Dame in der Epoche der Aufklärung war Christophe de Beaumont du Repaire, der allen Angriffen, nicht nur von jansenistischer Seite, sondern vor allem von Philosophen wie Voltaire, Rousseau und Marmontel mit größter Überzeugungskraft entgegentrat.

Nur zurückhaltend nahm er das Angebot an, das Pariser Erzbistum zu leiten. Aber ein persönliches Schreiben von Ludwig XV., der ihn bat, den liberalen Zuständen in Paris entgegenzutreten, veranlasste ihn, sich dieser Aufgabe zu widmen. Im Gegensatz zu seinen Vorgängern war er kompromisslos, was zu heftigen Auseinandersetzungen führte. Der König forderte ihn auf, sich um eine Neuordnung des Hôpital Général (zentrales Krankenhaus) zu kümmern, eine wohltätige Einrichtung mit mehreren Filialen, in denen der Jansenismus offen verbreitet wurde. Beaumonts Bemühen als Erzbischof von Paris und im Auftrag des Königs, eine strenge Beachtung der katholischen Lehre durchzusetzen, wobei er leitendes Personal auswechselte, traf aber auf heftigen Widerstand. Ludwig XV. musste sich sogar über das streikende Parlament hinwegsetzen, um seine Ziele mit Hilfe von Beaumont durchzusetzen. Unter ihm stand die Kathedrale Notre-Dame mit ihrem orthodoxen Katholizismus und den Anweisungen der Bulle Unigenitus fest zum Königshaus. Nicht alle französischen Bischöfe folgten Beaumont und bestanden vielmehr auf einer größeren Unabhängigkeit der gallikanischen Kirche gegenüber Rom.

Heftige Kritik erfuhr Beaumont jedoch, als er forderte, dass zur Absolution eine von einem Priester unterzeichnete Erklärung, kein Jansenist zu sein, abgegeben werden müsse. In einigen Fällen konnten Gläubige nicht auf Friedhöfen begraben werden. Selbst König und Papst empfahlen Mäßigung, aber ohne Erfolg. Mehrfach musste sich der Erzbischof wegen seiner kompromisslosen Haltung Verurteilungen durch das Parlament beugen, für einige Zeit sogar in die Provinz ins Exil gehen.

Der Erzbischof von Notre-Dame wurde jedoch vor allem ein scharfer Gegner der Philosophen und Enzyklopädisten, die er als Atheisten und als größte Gefahr für die Kirche betrachtete. In Beaumont fanden sie einen leidenschaftlichen Gegner, der ihnen allerdings durchaus Respekt einflößte. Seine in Notre-Dame als Predigten verlesenen und publizierten Hirtenbriefe «De l'esprit» (Über den Geist) gegen Claude Adrien Helvétius, «Émile» gegen Jean-Jacques Rousseau, der sich mit einer Entgegnung wehrte, oder «Bélisaire» gegen Jean-François Marmontel verurteilten die Forderung der Philosophen, der Mensch müsse nach rationalen Erwägungen handeln. Beaumont, unterstützt von den Jesuiten, verwies auf die Bibel als die alleinige Referenz christlich moralischer Lebensführung. Der Erzbischof verdammte die «unsinnige Philosophie» der Aufklärer und verbot die Lektüre des Erziehungsromans «Émile», da dessen verwerfliche Lehre die Grundlagen des Christentums zerstöre. Die Kathedrale von Paris stand mit Unterstützung des Königs als Hort eines strengen Katholizismus allen jansenistischen Bestrebungen entgegen. Die Spaltung der Gesellschaft durch die Aufklärung und ihre auf Reformen ausgerichteten Ideen, die die Französische Revolution vorbereiteten, war bereits spürbar.

In Notre-Dame fanden während der langen Amtszeit von Erzbischof Beaumont verschiedene Baumaßnahmen und Restaurierungen statt. Die für die Mitte des 18. Jahrhunderts besonders charakteristische Veränderung war die Ersetzung der farbigen, mittelalterlichen Fenster durch weißes Glas, die dem Raum zunächst im Chor, dann im Langhaus seinen mystischen Eindruck nahmen. Das nun hell in den Chor flutende Licht entsprach jedoch sehr viel besser der Ausstattung des Chors und den Figuren des Gelübdes von Ludwig XIII. mit seinen nun hell erleuchteten Marmorskulpturen. Einige Jahre später sollte der ganze Innenraum der Kathedrale in heller Farbe gestrichen werden.

Eine weitere Veränderung bedeutete seit 1756 der Neubau der Sakristei im klassizistischen Stil auf der Südseite durch Jac-

17 Ansicht der Westportale, Daguerotype, um 1840

ques-Germain Soufflot. Dieses Gebäude ersetzten jedoch Lassus und Viollet-le-Duc nach Zerstörungen 1830/31 um die Mitte des 19. Jahrhunderts durch ein neogotisches Bauwerk.

Die Erzbischöfe der Kathedrale von Paris zelebrierten die Messe nur an Feiertagen oder bei besonderen Ereignissen. Ein Te Deum wurde bei den Einzügen der Könige, nach siegreichen Schlachten, Fahnenweihen oder dem Besuch auswärtiger Fürsten gefeiert. Hinzu kamen Gottesdienste zum Andenken an die Verstorbenen der königlichen Familie oder hoher Würdenträger sowie Hochzeiten des Hochadels. Ein besonderer Anlass war die Hochzeit, die hundert Töchter der Gemeinde gemeinsam am 8. Februar 1779 in Notre-Dame feierten. Das Fest war von Marie-Antoinette aus Dank über die glückliche Geburt ihrer Tochter Marie-Thérèse gestiftet worden.

Bei diesen festlichen Gelegenheiten erwies sich die architektonische Form des Mittelportals der Kathedrale als außerordentlich störend. Bei einem Einzug in die Kirche mit dem Baldachin waren die durch die Mittelstütze, den Trumeau, in zwei Passagen geteilten Eingänge zu eng. 1771 wurde daher beschlossen, ihn herauszubrechen und das Tor nach oben zu erweitern. Dies bedeutete, das Bild Jesu, das immerhin für das Bibelwort «Ich bin der Weg und die Wahrheit und das Leben» stand, zu entfernen und die Auferstehung der Toten im Relief darüber zu zerstören, ein erheblicher, das Programm des bildhauerischen Schmucks stark beeinträchtigender Eingriff. Offenbar war für den Klerus am Ende des 18. Jahrhunderts die Bequemlichkeit des Durchgangs entscheidender als das Bild der heilsbringenden Botschaft des hohen Mittelalters, die vermutlich kaum noch verstanden wurde (Abb. 17). Viollet-le-Duc sollte im 19. Jahrhundert diese Veränderung der bis dahin erhalten gebliebenen Bausubstanz wieder rückgängig machen.

Die baulichen und ästhetischen Veränderungen des Kirchengebäudes belegen, dass es, soweit möglich, der zeitgenössischen Kunstauffassung des sich entwickelnden Klassizismus angeglichen werden sollte. Trotz vereinzelter Stimmen, die Gotik als einen in sich vollendeten künstlerischen Ausdruck anzuerkennen, setzte sich der in diesen Jahren moderne Stil in den baulichen Veränderungen der Kathedrale durch. Für die Beteiligung an den Kosten durch den König war der Direktor der königlichen Bauten, Comte d'Angiviller, zuständig. Seine Politik war es, eine Erneuerung der Architektur und der Künste im Sinne einer auf den antiken Vorbildern beruhenden Neuorientierung zu fördern. Auch Notre-Dame wurde diesen Bestrebungen bei baulichen Erweiterungen und Restaurierungen unterworfen. Die Zerstörung des monumentalen, mittelalterlichen hl. Christophorus am Kircheneingang mag in diesem Sinne zu erklären sein.

Eine grundsätzliche Erneuerung oder Restaurierung der Kathedrale blieb allerdings im 18. Jahrhundert aus, trotz durchaus bedrohlicher baulicher Zustände innen und außen. Erzbischof Noailles hatte die südliche Rose reparieren und Arbeiten an den Dächern durchführen lassen. Erhebliche Schäden wiesen die Skulpturen an den Fassaden und die Wasserspeier auf. Ferner mussten die Strebebögen am Chor repariert und der brüchige Spitzturm auf der Vierung entfernt werden. Schon vor der Revolution von 1789 befand sich also die Kathedrale keineswegs in einem guten baulichen Zustand.

Ein Grabdenkmal der Aufklärung

Für die Restaurierung der Gemälde entschieden sich die Kanoniker zweifellos, um die Glaubensinhalte deutlich sichtbar zu machen. Sie konnten aber nicht übersehen, dass Notre-Dame durch den wachsenden Strom von Kunstkennern auch eine Bildergalerie geworden war. Die Kirche tolerierte die Neugierigen, die nicht zur religiösen Einkehr, sondern zur Kunstbetrachtung das Gotteshaus betraten. Erstaunlich ist dennoch, dass sie dem Bildhauer Jean-Baptiste Pigalle erlaubte, in der Kapelle der Familie d'Harcourt zwischen 1771 und 1776 das Grabmal für Comte Henri-Claude d'Harcourt ohne jeden Hinweis auf christliche Ikonographie zu errichten (Abb. 18). Bei genauer Betrachtung ist dieses künstlerisch herausragende, monumentale Wandgrabmal, das die Witwe bei dem Künstler in Auftrag gab, ein bewegendes Monument der Trauer und der Verherrlichung irdischer Liebe.

Das Eheglück des Comte und seiner Gemahlin Marie-Madeleine war zu ihren Lebzeiten in aller Munde. Auch der spätere Kaiser Joseph II., der als Graf Falckenstein Paris besuchte, berichtete in seinem Reiseerinnerungen von der Zärtlichkeit dieses Paares. Nach d'Harcourts Tod und der Errichtung seines Grabmals in Notre-Dame erschien in der Presse eine Reihe von kritischen Kommentaren. Zum einen grenze die Trauer der Witwe geradezu an «folie» (Wahnsinn), da Marie-Madeleine sich fast vollkommen zurückgezogen, ja eingeschlossen habe und mit einer lebensgroßen Gipsfigur des Verstorbenen lebe. Zum anderen hieß es, der Comte habe sich in seinem Leben durch keine einzige heroische Tat ausgezeichnet. Ein so monumentales Denkmal in der Kathedrale sei daher unangemessen.

Es erstaunt, dass das Grabmal in Notre-Dame, und auch noch im Chorumgang in der Nähe des Hauptaltars, nicht den Widerspruch der Kanoniker herausforderte. Das Monument stellt dar, wie Marie-Madeleine d'Harcourt verzweifelt ihrem Gemahl zustrebt, in ihrer Bewegung ähnlich der Maria Magdalena vor dem toten Christus. Der Comte liegt bereits in seinem Sarg und richtet sich mühsam auf, um sich in all seiner Schwäche sehnsüchtig seiner Frau zuzuwenden. Der mit größtem Realismus dargestellte Greis scheint sich der verhüllten Gestalt des Todes noch einmal zu entziehen. Links verweist der Todesengel mit der erloschenen Fackel auf die Unausweichlichkeit des Lebensendes. Die Ikonographie des Monumentes ist insofern ungewöhnlich, als der Sterbende sich nicht zu einem Engel oder zum Altar wendet, um die Auferstehung zu erbitten. Thema der Darstellung ist vielmehr die mit äußerstem Realismus gestaltete Inszenierung des dramatischen Moments der Trennung im Diesseits.

Pigalle erhielt viel Lob für das Grabmal, aber musste ebenfalls Kritik wie die von Denis Diderot hinnehmen, der sein Urteil in einem Wort zusammenfasste: «Galimatias» (sinnloses Geschwätz). Der Bildhauer verzichtete auf jedes Motiv, das Erlösung durch den Tod und die Wiedervereinigung im Paradies im Sinne der christlichen Heilslehre andeutet.

Gerade dieser Umstand hat, im Gegensatz zu Diderot, noch Alberto Giacometti fasziniert, der das Grabmal oft aufsuchte und zeichnete. Ihn bewegten nicht nur der Aufbau des Monuments und das Vorwärtsdrängen der Witwe, sondern vor allem der Moment des Todes, der in diesem Werk seinen dramatischen Ausdruck gefunden hat.

Die Epoche der Aufklärung vermochte selbst in der Kathedrale Notre-Dame ihre Spuren zu hinterlassen. Das Grabmal ist kein antiklerikales Denkmal. Aber Pigalle schildert, im Auftrag der Witwe, die Geschichte des dramatischen und fatalen Endes eines Lebensglückes im Diesseits ohne den theologischen Trost und den Hinweis auf ein anderes Leben im Jenseits. Insofern repräsentiert das Grabmal, trotz seiner formalen Herkunft von früheren Wandgräbern, in denen der Verstorbene auf den Altar hin ausgerichtet ist, eine erstaunlich säkulare Version der Grabmalkunst.

Das Gelübde von Ludwig XIII., die Serie der Maibilder und das Grabmal des Comte d'Harcourt sind drei Beispiele, die zeigen, wie der Kirchenraum der Kathedrale von Notre-Dame sich als politischer, religiöser und kultureller Schauplatz im Lauf der Jahrhunderte veränderte. Das Kapitel wahrte die Doktrin der katholischen Kirche und wehrte alle Angriffe der Philosophen der Aufklärung auf das religiöse Glaubensbekenntnis ab. In den

18 J.-B. Pigalle, Grab d'Harcourt, 1771–1776

Denkmälern spiegelt sich aber ein Wandel, der die jeweilige gesellschaftliche Gegenwart, die individuellen Wahrnehmungen und die soziale Wirklichkeit vergegenwärtigt. Die Kirche als Institution repräsentierte die Kontinuität ihrer Lehre. Der Besucher des Gotteshauses vermag jedoch darüber hinaus, die Veränderungen des kirchlichen Lebens der Gläubigen zu beobachten, wie sie die hinterlassenen Denkmäler verkörpern.

In diesem Zusammenhang ist von größtem Interesse, dass die gotische Architektur, die über lange Zeit kaum wahrgenommen wurde, seit dem 18. Jahrhundert mit größerer innerer Anteilnahme, ästhetischer Aufmerksamkeit und architektonischer Kennerschaft betrachtet wurde. Im Laufe der beiden vergangenen Jahrhunderte erhielt Notre-Dame immer stärkere Popularität als ein Monument, das neben der Funktion als Gotteshaus an große historische Ereignisse der Nation erinnerte. Gleichzeitig war die Kirche auch ein Ziel für die «Curieux», die neugierigen und aufgeschlossenen, an der Geschichte, Kultur und Kunst Frankreichs interessierten Besucher, die wir heute Touristen nennen.

III. Tempel und Kirche der Nation

Tempel und Nationaldenkmal

Die Französische Revolution bedeutete für Notre-Dame einen einschneidenden Umbruch, insbesondere durch die Terrorherrschaft 1793–94. Die wirtschaftliche Notlage und die Hungersnöte hatten den Aufruhr gegen König und Adel ausgelöst. Jedoch richtete sich der Aufstand bereits zu Beginn auch gegen die katholische Kirche und ihre Vertreter. Die Kritik der Aufklärung gegenüber den Religionen hatte der Auflösung dieser Institution, wenn auch nicht gewaltsamen Zerstörungen, den Boden bereitet. Vor allem die Konflikte zwischen König und Kirche, die Verfolgung des Jansenismus nach dem Erlass der Bulle Unigenitus, die volkstümlichen Bewegungen, wie die Konvulsionäre von Saint-Médard, und die Vertreibung der Jesuiten seit 1764 sorgten während des 18. Jahrhunderts für Unruhe der Bevölkerung in Glaubensfragen. Notre-Dame war nicht von Beginn des Aufruhrs 1789 an bedroht, obwohl die Königsgalerie an der Fassade als Darstellung der französischen Herrscher galt, die nach Ansicht der Revolutionäre für die Unterdrückung des Volkes verantwortlich waren.

Der Aufstand richtete sich zunächst nicht grundsätzlich gegen die Kirche, vielmehr gegen die Vorrechte des Klerus. Grund der Empörung waren erhebliche Steuervorteile und andere Privilegien des Erzbischofs von Notre-Dame und des Kathedralkapitels. Trotz seiner Popularität, die er durch seine aufrichtige Haltung und wohltätigen Handlungen erworben hatte, erkannte der Pariser Erzbischof Antoine Leclerc de Juigné bereits 1789 die Gefahr für Leib und Leben der Adeligen, deren Privilegien im August abgeschafft worden waren. Im November löste die Nationalversammlung die Kirchenkapitel auf. Die Priester mussten dem Staat gegenüber einen Treueeid abgeben, den viele, auch der Erzbischof, verweigerten. Die persönliche Bedrohung nahm zu. Am 10. Februar 1790 hatte Juigné noch Ludwig XVI. und Marie-Antoinette in der Kathedrale empfangen, allerdings, jede öffentliche Wahrnehmung vermeidend, nur zu einer bescheidenen Messe in einer Kapelle. Der Erzbischof entschloss sich kurz danach, ins Exil zu gehen. Sein Nachfolger Jean-Baptiste Gobel, der am 3. Januar 1791 den Eid auf die Verfassung abgelegt hatte, wurde am 13. März in der Kathedrale gewählt. Am 27. März übernahm er sein Amt in einem feierlichen Akt in Notre-Dame, dem eine Prozession folgte, unter der Anteilnahme des damaligen Bischofs von Autun, Charles-Maurice de Talleyrand. Der Papst verweigerte allerdings die Anerkennung und hielt am exilierten Juigné fest, so dass ein Schisma entstand.

Gobel suchte sich in den folgenden Jahren mit der immer doktrinärer werdenden politischen Führung zu arrangieren. Auch er wurde jedoch ein Opfer der antichristlichen Entwicklung und der Terrorherrschaft, die am 21. Januar 1793 zur Hinrichtung des Königs durch die Guillotine führte. Am 8. November dieses Jahres sah sich Gobel gezwungen, vor dem Konvent sein Amt aufzugeben. Er legte sein Kreuz und seinen Bischofsring ab und musste die rote phrygische Mütze statt seiner Mitra aufsetzen. Wie so viele in diesem Jahr des Terrors fand auch er nach seiner Gefangenschaft im Palais du Luxembourg am 13. April 1794 den Tod durch die Guillotine.

Vandalismus

Seit 1794 verbreitete sich der Begriff «Vandalismus» als blinde Zerstörungswut der Revolution, eine Bezeichnung, die die historischen Vorgänge allerdings unzureichend beschreibt. Im Gegensatz zum protestantischen Bildersturm des 16. Jahrhunderts wurden sowohl die Entchristianisierung als auch die Entleerung und Umwidmung der Kirchengebäude in der Französischen Revolution systematisch organisiert und geradezu bürokratisch vorbereitet. Nach den Wirren vom Juli 1789 und der Erstürmung der Bastille setzte ein Dekret der Nationalversammlung vom 2. November die Verstaatlichung des Kirchenguts fest. Die Priester erhielten, gegen den Protest von weiten Teilen des Klerus und des Papstes, nach dem Eid auf die neue Zivilverfassung den Status von zivilen Angestellten. Die Kirchen wurden Eigentum der Kommunen, herausragende Denkmäler, wie Notre-Dame, des Staates. Sie konnten auf Beschluss der Behörden verkauft oder abgerissen werden. Die Verantwortung staatlicher Ämter für das Schicksal bestimmter Kirchen als nationale Denkmäler besteht seitdem bis in unsere Gegenwart.

Die Stadt Paris war daran interessiert, einen Überblick über die Kunstschätze in kirchlichen und profanen Bauten zu gewinnen, sowohl, um aus möglichen Verkäufen finanziellen Vorteil zu gewinnen, als auch, um Maßnahmen gegen willkürliche Zerstörungen einleiten zu können. Hierzu diente eine im Juli 1790 eingerichtete Kommission, die Vorschläge zu Verwendung und Schutz von bedeutenden Kunstwerken unterbreitete. Die Denkmalpflege als eine Aufgabe des Staates entstand somit zum Zeitpunkt von Ausschreitungen während der Französischen Revolution. Allerdings blieben in politisch kontroversen Zeiten spontane vandalistische Handlungen wie die Schändung der Königsgräber in St. Denis im August 1793 nicht aus.

Bereits 1791 mussten nicht gebrauchte liturgische Geräte aus der Kathedrale, seit August 1792 alle an die Münze abgegeben werden, wo sie eingeschmolzen wurden. Der kostbare gotische Schrein des hl. Marcellus und viele andere wertvolle Kleinodien gingen verloren. Im Auftrag der erwähnten Kommission erstellten der Maler Gabriel-François Doyen und der Bildhauer Louis-Philippe Mouchy seit November 1791 ein Inventar der Gemälde und Skulpturen in Notre-Dame. Dem Archäologen Alexandre Lenoir gelang es, den Kreuzgang und Garten des Klosters St. Augustin sowie die Kapelle Petits-Augustins auf dem linken Seineufer als Depot für Kunstwerke, die die Kommission als schützenswert anerkannte, einzurichten. Lenoir gründete dort 1795, nach der Terrorherrschaft, das «Musée des monuments français». Auf der Grundlage der Inventare wurden Gemälde und Skulpturen wie die «Mays», die Skulpturen des Gelübdes von Ludwig XIII. und Pigalles Grab d'Harcourt aus der Kathedrale entfernt und in den als Museum eingerichteten Louvre oder das Augustinerkloster überführt.

19 Notre-Dame wird Temple de la Raison, anonymer Kupferstich, 1793

In Notre-Dame begann der Albtraum der sogenannten Entchristianisierung, der Entweihung und Entleerung des Gotteshauses. Seit dem 7. November 1793 blieb die Kathedrale für den christlichen Gottesdienst geschlossen. Alle christlichen Symbole wurden innen und außen abgeschlagen und durch revolutionäre Symbole ersetzt. Nach langen Diskussionen zwischen dem Innenministerium und der Stadt Paris begannen Bauarbeiter mit der Errichtung eines Gerüsts an der Fassade der Kathedrale. Sie stürzten die Figuren der Könige und andere Skulpturen, wie Maria und die Engel vor der Rose, in die Tiefe. Der Schutthaufen wurde erst entfernt, als ein Bauunternehmer die Steine 1796 erwarb.

Am 23. November 1793 hatte der Konvent beschlossen, die Kirchen als «Tempel der Vernunft» einzurichten. Diesem Prozess wurde auch Notre-Dame durch die Errichtung eines der Philosophie gewidmeten Kultraums unterworfen. Während einer Zeremonie brannte auf einem Altar eine Flamme. Eine Opernsängerin personifizierte die Vernunft (Abb. 19). Diese Veranstaltungen währten jedoch nicht lange; denn Maximilien de Robespierre, der einen Kult des «Être suprême» (des höchsten Wesens) ins Leben rief, wurde selbst kurz darauf ein Opfer der Guillotine. Noch während des jakobinischen Terrors endete die Umwidmung des Kirchenbaus.

Ende 1794 setzte sich der Abbé Henri Gregoire mit der mutigen Forderung durch, in Notre-Dame wieder Messen zuzulassen. Das Kirchengebäude hatte inzwischen verschiedenen profanen Aufgaben gedient, unter anderem als Depot des von geflohenen Adeligen konfiszierten Weins, der an die Armee verteilt werden sollte.

Seit 1795 formierte sich eine «Société catholique de Notre-Dame», die Gottesdienste unbehelligt durchführen konnte. In den folgenden Jahren unter dem Direktorat und dem Konsulat konnte die Gemeinde die Kathedrale wieder ganz in Besitz nehmen. Nach turbulenten kriegerischen Jahren und kirchenpolitischen Auseinandersetzungen schloss der Erste Konsul, Napoleon Bonaparte, am 15. Juli 1801 mit Papst Pius VII. ein Konkordat, das den Katholizismus als die Religion der Mehrheit der Bevölkerung Frankreichs anerkannte, gleichwohl auch andere Religionen tolerierte. Notre-Dame hatte seine ursprüngliche Bestimmung als Gotteshaus zurückgewonnen und feierte das Ereignis nach Veröffentlichung der Ausführungsbestimmungen am 18. April 1802 mit einem festlichen Te Deum. Aus diesem Anlass und in den folgenden Jahren kehrten ausgewählte Kunstwerke in die Kirche zurück. Die meisten Kunstwerke waren in den Louvre oder Provinzmuseen verteilt worden. Bis heute hat die Kathedrale nur einen erheblich reduzierten Teil ihres ursprünglichen Kunstbesitzes zurückerhalten.

Die Kaiserkrönung Napoleons I.

Die Kaiserkrönung Napoleons I. am 2. Dezember 1804 blieb einer der populärsten historischen Vorgänge in der Geschichte von Notre-Dame. Hierzu hat das großformatige Gemälde von Jacques-Louis David, das in Napoleons Auftrag entstand, entscheidend beigetragen (Abb. XIII). Eine Krönung in Reims kam für Napoleon nicht in Frage, da sonst die von ihm gewünschte Dynastie als unmittelbare Nachfolge der bourbonischen erschienen wäre. Offizielle Verlautbarungen betonten, dass das Kaisertum vielmehr das Imperium Karls des Großen erneuern solle.

Das Ereignis wurde mit ungewöhnlichem Aufwand und erheblichen Kosten vorbereitet. Für die Regie, an der Napoleon selbst mitwirkte, waren verschiedene Ministerien verantwortlich. Die Inszenierung lag in den Händen der Architekten Charles Percier und Pierre-François Fontaine (Abb. XII). Sie fertigten genaue Pläne für die Ausstattung, eine große Anzahl von Zeichnungen und Stichen an, die die Vorgänge anschaulich überliefern. Ein an der Ostseite der Kathedrale errichteter Pavillon, der mit dem erzbischöflichen Palais verbunden war, diente zum Empfang und zur Einkleidung vor dem feierlichen Einzug des zukünftigen Kaiserpaares in die Kirche. Notre-Dame selbst war bis zur Höhe der Empore völlig im Stile des Klassizismus mit kostbaren Stoffen ausgekleidet worden. Im Langhaus und in der Vierung befanden sich Ränge, auf denen die Familienmitglieder, die Gäste und der neu gegründete Hofstaat in festlicher Kleidung und prächtigen Uniformen Platz nahmen.

Hinter dem Altar hatte die Pietà von Coustou des Gelübdes von Louis XIII. wieder Aufstellung gefunden. Natürlich wurde auf die Skulpturen der beiden Könige verzichtet, die erst in der Restauration unter Ludwig XVIII. 1815 wieder nach Notre-Dame zurückkehrten. Die Bronzeengel mit den Leidenswerkzeugen folgten ein Jahr später.

Der Erste Konsul hatte Pius VII. zur Teilnahme an dem historischen Ereignis verpflichtet. Der Papst musste völlig tatenlos der Zeremonie beiwohnen, denn Napoleon krönte sich im Chor selbst und anschließend seine Gemahlin, bevor er auf einer durch einen Triumphbogen geschmückten hohen Estrade, mit den für dieses Ereignis hergestellten kostbaren Regalien angetan, im Hauptschiff den Eid auf die Verfassung ablegte. David erlaubte sich in seinem Gemälde einige Freiheiten bei der Schilderung des Ereignisses. Wie Zeichnungen belegen, beabsichtigte er zunächst, den Moment festzuhalten, in dem sich Napoleon den goldenen Lorbeerkranz selbst aufsetzte. Er malte dann aber, sicher auf Wunsch des Kaisers und der Regierung, die Szene der Krönung von Joséphine. Auf besonderen Wunsch Napoleons fügte er das Bildnis von Laetitia, der Mutter des Kaisers, in einer Loge über dem Geschehen ein, obwohl sie bei der Zeremonie nicht anwesend war.

Durch das Ereignis, nicht zuletzt die Gegenwart des Papstes, gewann Notre-Dame nach der Revolution ihre Aufgabe als Gotteshaus des Erzbischofssitzes in der französischen Hauptstadt zurück. Allerdings repräsentierte die Kathedrale zu Beginn des 19. Jahrhunderts nicht mehr nur die von den Monarchen protegierte Kirche, sie war ein Denkmal der Nation geworden.

Das Kirchengebäude hatte in den Jahren der Französischen Revolution gelitten. Nach den Feierlichkeiten und dem Abbruch der Einbauten und Dekorationen der Kaiserkrönung waren Restaurierungen notwendig. Percier und Fontaine erhielten Gelder für dringende Maßnahmen, die aber bei weitem keine grundlegende Instandsetzung des Bauwerks erlaubten. Über Jahrzehnte hinweg sollten Bischof und Domkapitel einen bürokratischen Kampf über die notwendigen Investitionen am Gebäude der Kathedrale mit den Behörden führen. Projekte einer vollständigen Sanierung scheiterten am Geldmangel des nun zuständigen staatlichen Bauamtes. Immerhin wurden einzelne Reparaturen an den Kapellen ausgeführt, Strebebögen am Chor erneuert und Skulpturen restauriert. Auch im Inneren gelang es, einige der in der Revolution entleerten Kapellen durch moderne Gemälde und Altäre neu auszustatten. Immer wieder wunderten sich Besucher über den Zustand der noch weitgehend schmucklosen Kirche, deren reiche Schätze zu Zeiten der Könige Gläubige und Besucher der Stadt angezogen hatten.

In der Epoche des Empire war der Architekt Alexandre-Théodore Brongniart für die Restaurierung, ebenfalls mit unzureichenden Mitteln, zuständig. Ihm folgte Étienne-Hippolyte Godde, der von 1824 bis 1842 für die Arbeiten an der Kathedrale verantwortlich war, aber keine ausreichende Erfahrung mit den nötigen Maßnahmen an mittelalterlichen Bauwerken besaß, so dass mangelhafte Restaurierung des Mauerwerks neue Schäden verursachte. Diese Stellen sieht man auf einer Ansicht, die der deutsche Maler Eduard Gärtner bei seinem Parisbesuch im Jahre 1826 malte (Abb. XIV). Bei genauer Betrachtung seines Gemäl-

XIV Eduard Gärtner, Ansicht von Notre-Dame, 1826,
Berlin, Schinkelpavillon, Stiftung der Preußischen Schlösser und Gärten

XV J. I. Hittorff und J.-F. Lecointe, Taufe des Duc de Bordeaux 1821, Farbradierung, Ancien Musée Notre-Dame

XVI Ch. Nègre, Le Secq neben dem Stryge auf Notre-Dame,
Fotografie, 1856

XVII Inneres von Notre-Dame nach dem Brand im April 2019

des ist zu erkennen, dass sich das Bauwerk in der Tat in keinem guten Zustand befand. Hellere Steine markieren die Stellen, an denen Ausbesserungen vorgenommen worden sind. Lücken im Mauerwerk bestanden zu diesem Zeitpunkt bei der Südrose, wo offensichtlich Teile des Gesimses herausgefallen waren. Auch auf frühen Fotografien sind die Ausbesserungen zu erkennen.

Gotteshaus der Restauration

Der unbefriedigende Zustand des Gebäudes hinderte jedoch nach der Abdankung Napoleons 1815 die folgenden Regierungen der Restauration nicht, Notre-Dame wieder im traditionellen Sinn zu bedeutenden zeremoniellen Ereignissen der königlichen Familie zu nutzen. Die Monarchen der Restauration folgten der Tradition des Ancien Régime und betrachteten die Kathedrale wieder als ihr Gotteshaus. Da Ludwig XVIII. und Karl X. nicht nach Versailles zurückkehrten, übernahm Notre-Dame auch die Aufgaben der dortigen Hofkapelle. Der erste feierliche Trauergottesdienst war bereits am 14. Mai 1814 dem ermordeten Königspaar, Ludwig XVI. und Marie-Antoinette, sowie ihrem jung verstorbenen Sohn, Ludwig XVII., gewidmet. Auch unter den zurückgekehrten Bourbonen wurde Fontaine als Architekt beauftragt, die künstlerische Ausstattung zu entwerfen. Die Wände der Kathedrale waren mit schwarzen Tüchern behängt, die wie ein Zelt über Langhaus und Chor hingen, wodurch das Gotteshaus in völlige Dunkelheit getaucht erschien. In der Vierung errichtete man einen Katafalk, der von allegorischen Statuen und Kerzen umgeben war. Die Überführung der Sarkophage und die Beisetzung folgten erst im Januar 1815 in St. Denis.

Einige Jahre später, 1820, wurde mit großem Aufwand in Notre-Dame der Ermordung des Herzogs von Berry, Charles Ferdinand d'Artois, gedacht. Dieser populäre Prinz, ein Neffe Ludwigs XVIII. und Befehlshaber der Armee von Paris, erlag nach einem Opernbesuch einem Attentat.

Auch die feierlichen Einzüge von Ludwig XVIII. (3. Mai und 29. August 1814) und Karl X. (6. Juni 1825) endeten mit einer

Messe in der aufwendig geschmückten Kathedrale. Neben diesen zeremoniellen Anlässen suchte das Königshaus den jährlichen Rhythmus von Veranstaltungen in Notre-Dame wiederzubeleben. Messen mit dem König fanden jeweils zu Beginn der Parlamentssitzungen und ein Hochamt mit anschließender Prozession zur Erinnerung an das Gelübde Ludwigs XIII. statt.

Nach dem siegreichen Feldzug des Herzogs von Angoulême, Louis-Antoine d'Artois in Spanien, bereitete die Bevölkerung von Paris dem Heerführer und seinen Truppen einen triumphalen Empfang, der am 2. Dezember 1823 seinen Höhepunkt mit einem Dankgottesdienst in der Kathedrale fand. Solche gleichsam regelmäßigen Feierlichkeiten im Laufe der Jahre wurden ergänzt durch Hochzeiten der Mitglieder der königlichen Familie und Trauergottesdienste.

In dieser Zeit nahmen Architekten und Künstler stärker auf die gotische Baugestalt der Kathedrale Rücksicht. Fontaine hatte bereits den Eingangspavillon zur Kaiserkrönung Napoleons mit gotischen Motiven gestaltet. In der Epoche der Restauration, die sich als eine Erneuerung des mittelalterlichen Königtums verstand, wuchs das Verständnis, diese Bauten nicht nur aus praktischen Erwägungen, sondern auch aus ästhetischer Bewunderung heraus zu schützen und zu restaurieren. Der Schriftsteller und Politiker François-René de Chateaubriand hatte in seinem allgemein bewunderten Werk «Le Génie du Christianisme», 1802 erschienen, die Romantik eingeleitet und die Gotik als den Baustil gedeutet, der durch seine emotionale Wirkung dem Christentum adäquat sei. Der Geschmackswandel war bei der Taufe von Henri Duc de Bordeaux am 1. Mai 1821 besonders sichtbar. Jakob Ignaz Hittorff und Jean-François Lecointe befreiten die gotischen Arkaden von der klassizistischen Verkleidung (Abb. XV).

In demselben Jahr 1821 veröffentlichte der Historiker und Antiquar Antoine-Pierre Gilbert, der Notre-Dame 30 Jahre lang als Konservator diente, seine auf historischen Quellen beruhende Beschreibung der Kirche, mit der er ihre wissenschaftliche Erforschung einleitete.

Allerdings musste die Kathedrale bis zur Jahrhundertmitte

auf ein denkmalpflegerisches Engagement warten. Zunächst hatte sie sogar einen erneuten vandalistischen Übergriff zu ertragen. Während der Julirevolution 1830, die den Bürgerkönig Louis-Philippe an die Macht brachte, wurde das Gotteshaus erstürmt, nicht zuletzt wegen der engen Verbindungen des Erzbischofs mit der Regierung Karls X. Es kam sogar zu Plünderungen. Die Julimonarchie bemühte sich, ihre schützende Hand über Kirchen und alle Religionsausübung zu halten. Dennoch kam es im Februar 1831 zu einem weiteren Zwischenfall. Als in St. Germain l'Auxerrois von Legitimisten ein Gedenkgottesdienst für den 1820 ermordeten Herzog von Berry gefeiert wurde, stürmten republikanische Revolutionäre das Gotteshaus und zerstörten das Inventar. Am Tag darauf zogen sie nach Notre-Dame und brachen in das erzbischöfliche Palais ein, zerbrachen Möbel, warfen Bücher in die Seine und zerstörten das Gebäude. Sie zogen nicht ohne Grund zur Kathedrale, da Erzbischof de Quélen als entschiedener Vertreter der Restauration und Gegner der liberalen Regierung galt.

Der Roman von Victor Hugo

Für die Geschichte der Kathedrale und die Erhaltung seiner Baugestalt bedeutete das Jahr 1831 mit der Veröffentlichung des Romans «Notre-Dame de Paris 1482» einen tiefen Einschnitt (Abb. 20). Das Werk sollte, für den Autor ganz unerwartet, ein Bestseller werden. Der junge Schriftsteller beschrieb ein turbulentes Geschehen, in dessen Mittelpunkt der missgestaltete Glöckner von Notre-Dame Quasimodo und die verführerische, als Zigeunerin aufgewachsene Esmeralda stehen. Hugo nutzte für seine Schilderung eine Reihe von Publikationen zur Geschichte der Epoche, um dem Werk ein anschauliches, wenn auch imaginiertes Bild des spätmittelalterlichen Lebens in Paris zu vermitteln. Er begeisterte seine Leser durch seinen von Walter Scott angeregten Roman und förderte die Faszination für das Mittelalter in der Romantik, zu deren literarischem Führer er aufstieg.

Trotz aller dramatischen Vorgänge steht im Zentrum des Romans die Kathedrale. Das Geschehen spielt auf dem Vorplatz, in ihrem Inneren, in der Höhe der Dächer und in den Türmen. Das Buch bot den Zeitgenossen einen neuen Blick auf das architektonische Meisterwerk der Gotik. George Sand brachte dies in ihrem Roman «Horace» deutlich zum Ausdruck, wenn sie ausführte, Hugo habe seinen Zeitgenossen erst die Augen für die Bauwerke des Mittelalters geöffnet.

Bis in unsere Gegenwart ist das Werk ein Klassiker der französischen Literatur geblieben. Mehrere Verfilmungen haben seine Popularität noch gesteigert. Vor allem das 1939 entstandene Meisterwerk mit Maureen O'Hara und Charles Laughton war ein großer Publikumserfolg (Abb. 21). Nach dem Brand von Notre-Dame im April 2019 stand der Roman nochmals für mehrere Wochen an erster Stelle der Bestsellerlisten.

Die Wirkung des Romans beruhte nicht nur auf seinen literarischen Qualitäten. Victor Hugo nutzte seine Erzählung zu einem Aufruf gegen die Vernachlässigung der Kathedrale. In der 1832 erschienenen, erweiterten Ausgabe beklagte er nicht nur die durch das Wetter hervorgerufenen Schäden, sondern kritisierte auf das Schärfste die seit der Renaissance vorgenommenen Einbauten, wie etwa die Marmorverkleidungen für das Gelübde Ludwigs XIII., durch die das Gebäude verunstaltet worden sei. Endlich richtete sich sein Zorn gegen die Architekten, die statt instandzusetzen eher zur Verstümmelung des gotischen Bauwerks beigetragen hätten. «Zu den Jahrhunderten und den Revolutionen, die wenigstens unparteiisch und mit Würde zerstörten, hat sich der Schwarm der geschulten, diplomierten und zünftigen Architekten gesellt, die ihr Verschlimmerungswerk wählerisch und nach Maßgabe des schlechten Geschmacks betrieben ...» (Hugo, 2019, 145).

Die unzureichenden Mittel zur Pflege der Kirchen, für die seit der Französischen Revolution der Staat zuständig war, hatten zu weiterer Verwahrlosung von Notre-Dame geführt. Hugo verfasste bereits vor Erscheinen seines Romans einen scharfen Artikel, der 1832 in der «Revue des deux Mondes» erschien. Unter dem Titel «Guerre aux démolisseurs» (Krieg den Zerstörern) griff er die städtische und staatliche Verwaltung an, Bauspeku-

20 Victor Hugo, Notre-Dame de Paris, Buchumschlag, 1850

21 Charles Laughton als Quasimodo, 1939

lation auf Kosten der Erhaltung nationaler Denkmäler zuzulassen. An jedem Tag, führte der Schriftsteller aus, ginge durch den Verlust eines bedeutenden Denkmals ein Kapitel der Erinnerung an die Geschichte Frankreichs verloren. «Le vandalisme est architecte», rief Hugo aus. Das mittelalterliche Paris gehe durch leichtfertige Bauspekulation zugrunde. Sein Roman verfolgt leidenschaftlich das Ziel, ein Bild des mittelalterlichen Lebens zu malen und die Denkmäler, die davon bis in seine Gegenwart Zeugnis ablegen, als höchstes nationales Gut im allgemeinen Bewusstsein zu erhalten. Einen historischen Bau wie die Kathedrale Notre-Dame verglich Hugo mit einem gedruckten Buch, in das die Vergangenheit für alle Zeiten eingeschrieben ist. Der Untergang von Denkmälern sei der Verlust von Erinnerung und bedeute die Auslöschung nationaler Geschichte.

Zu Beginn der Julimonarchie unter Louis-Philippe verfasst, repräsentiert der Roman ein letztes Aufbäumen gegen die Zerstörung des mittelalterlichen Kerns von Paris, in deren Zentrum die Kathedrale Notre-Dame lag. Die urbanistische Stadterneuerung, angetrieben von Spekulation und Modernisierung, konnte auch

Victor Hugo nicht aufhalten. Noch ragte Notre-Dame aus dem Häusermeer fragiler und oft baufälliger Fachwerkbauten heraus. Nur wenige Jahre später sollte das ganze Quartier einen Bauboom durch die Errichtung administrativer Bauten (Justizpalast, Polizeidirektion, Hospital) und sanierter Wohnungen erleben.

Schon die erste Auflage des Romans wurde illustriert. Weitere, reich bebilderte, erschienen in den folgenden Jahrzehnten und förderten die Popularität des Werkes, zumal wenn sich berühmte Zeichner wie Gustave Doré dieser Aufgabe widmeten. Diese Bilder vermitteln einen nostalgischen Eindruck von Notre-Dame in ihrer mittelalterlichen Umgebung, die ein moderner Stadtteil zu werden begann. Auch in der Geschichte der Buchillustration hat Hugos Roman seinen festen Platz bis in die Walt Disney Studios im 20. Jahrhundert gefunden.

Die Ausbildung der Architekten an der Akademie für Architektur in Paris orientierte sich an dem vorherrschenden klassizistischen Stil. Die Gotik musste erst als ein bedeutender mittelalterlicher Stil anerkannt werden, bevor die notwendige staatliche Unterstützung zur Erhaltung von Bauten gewährt wurde. Einige Bauforscher hatten durch ihre Studien hierfür den Weg bereitet, und nach Chateaubriand war es vor allem Victor Hugo gelungen, der Gotik zu allgemeiner Wertschätzung zu verhelfen. Notre-Dame als ein architektonisches Meisterwerk und nationales Denkmal Frankreichs verantwortungsvoll zu restaurieren, eine dringende Aufgabe, erforderte keine weitere Begründung mehr.

Unter Louis-Philippe und dem Historiker und Innenminister François Guizot war bereits in den 1830er Jahren mit der Inventarisierung mittelalterlicher Denkmäler begonnen worden, wobei der Dichter und Schriftsteller Prosper Mérimée eine führende Rolle spielte. Das wachsende Bewusstsein für die Notwendigkeit, die bedeutenden Monumente des Mittelalters zu erhalten, hatte bereits zu Restaurierungen der gotischen Kirchen Rouen und Chartres geführt. Mittlerweile hatte sich aber auch ein tieferes Verständnis für den gotischen Baustil verbreitet. Ein glühender Bewunderer der mittelalterlichen Architektur war Charles de Montalembert. Er veröffentlichte 1833 einen Victor

Hugo gewidmeten Beitrag, in dem er seine Leidenschaft für die Gotik auch als überzeugter Katholik beschrieb.

Der Begeisterung für die Kathedrale als Form gewordene Repräsentation des katholischen Glaubens stand in dieser Epoche jedoch eine andere Deutung gegenüber. Der von Montalembert so bewunderte Hugo hatte Notre-Dame nicht so sehr vom Eindruck des Inneren gedeutet, das den Gläubigen in eine visionäre und transzendente Stimmung zu versetzen vermochte. Hugo beschrieb die Kathedrale vielmehr als ein gewachsenes Monument im Zentrum der Stadt, errichtet durch ein Zusammengehörigkeitsgefühl der Bürger, womit er der Hoffnung auf eine republikanische Zukunft der Julimonarchie Ausdruck verlieh. «Jede Zivilisation ist ursprünglich theokratisch und mündet schließlich in die Demokratie», heißt es in seinem Roman (Hugo, 2019, 230). Das Gotteshaus im Herzen der Stadt repräsentiert für den Schriftsteller nicht nur die Kirche, sondern sie symbolisiert, errichtet durch das Volk, die Einheit der Nation.

In diesem Sinne setzte sich auch Jean-Philippe Schmit, der später als Direktor für die Kirchen im Innenministerium zuständig war, mit Nachdruck für die Restaurierung der gotischen Kirchen ein, die er als Teil der «Gloire nationale» betrachtete. 1837 veröffentlichte er «Les Églises gothiques», ein nachdenkliches Buch, in dem er tiefsinnig und empathisch die Fassade von Notre-Dame beschrieb. Sie wende sich nicht an den Geist, sondern an die Seele und sei ein Proscenium zum himmlischen Jerusalem. Sie sei weniger ein Eingang zu einem Tempel als vielmehr eine Barriere zum wirklichen Leben, von dem wir uns einen Moment trennen, um uns auf das geistige vorzubereiten.

Trotz des leidenschaftlichen Engagements für die Anerkennung der gotischen Architektur, die Entscheidung, Notre-Dame zu restaurieren, sollte sich noch hinziehen. Erst in den 1840er Jahren begannen Untersuchungen, die zu einer genauen Bauanalyse und einer professionellen Aufnahme des Zustands führten. Zum selben Zeitpunkt übrigens, vielleicht eine nicht zufällige zeitliche Parallele, als man sich entschied, den Kölner Dom zu vollenden. Die Initiative in Köln wurde in Frankreich durchaus wahrgenommen.

22 Nadar, Fotografie von Viollet-le-Duc, 1878

Die Restaurierung unter Lassus und Viollet-le-Duc

Am 31. Mai 1842 richteten Erzbischof Denis Auguste Affre, der Schriftsteller Alfred de Vigny, der bereits erwähnte Politiker und Publizist Charles de Montalembert, Victor Hugo und der Maler Jean-Baptiste Ingres in einem offenen Brief einen ungeduldigen Appell an das Ministerium. Sie forderten, dass man mit erhaltenden Maßnahmen unverzüglich beginnen müsse. Endlich kam das Unternehmen langsam in Gang. Über zwei Jahrzehnte sollte intensiv an Notre-Dame gearbeitet werden. Nach der Neueinrichtung des Chores unter Ludwig XIV. um 1700 stellte diese Initiative den bedeutendsten Eingriff in die ursprüngliche Architektur von Notre-Dame dar. Bis heute wird die Umgestaltung kontrovers diskutiert. Einige Autoren kritisieren die Restaurierung sogar auf das Schärfste: Notre-Dame sei als ein Werk des Mittelalters zugrunde gegangen und ein Bau des 19. Jahrhunderts geworden.

Die Restaurierung von Notre-Dame übernahmen mit den Architekten Jean-Baptiste Lassus und vor allem Viollet-le-Duc (Abb. 22) zwei erfahrene Denkmalpfleger: Lassus durch seine Tätigkeit an der Sainte-Chapelle, Viollet-le-Duc durch seine Arbeit an der romanischen Kirche in Vézelay. 1844 gewannen sie die Ausschreibung, für die sie ein ausführliches Projekt vorlegten. Darin stellten sie fest, dass bei der Restaurierung alle Epochen, die an dem Bauwerk ihren Anteil hatten, berücksichtigt werden sollten. Eine Wiederherstellung nur der gotischen Architektur lehnten sie ab. Ihre Aufgabe sollte ferner auf der Grundlage intensiver historischer, bauhistorischer und technologischer Forschungen beruhen. Sie als Architekten hätten ihre künstlerischen Vorstellungen zurückzustellen und sich ganz der Formensprache des originalen Kunstwerks unterzuordnen. Diesen Prinzipien sind die Architekten jedoch nicht immer gefolgt.

Ein historisches Denkmal dürfe man nicht nur restaurieren. Man müsse ebenso versuchen, ihm seine ursprüngliche Gestalt zurückzugeben. Ihre Aussage, wenn ausreichende Evidenz fehle, sollten sich die Architekten die Freiheit nehmen, nach ihren Vorstellungen zu ergänzen, stieß jedoch bereits bei einigen Zeitgenossen auf Kritik.

Zunächst galt es, die gefährlichsten Bauschäden zu beseitigen, aber auch Veränderungen späterer Zeit, die allzu offensichtlich die ursprüngliche Baugestalt verunstalteten, rückgängig zu machen. Hierzu gehörte die Wiederherstellung des von Soufflot 1771 vergrößerten Mittelportals, das nach vorhandenen Kupferstichen, etwa bei Montfaucon, rekonstruiert wurde. Die dabei zerstörten skulpturalen Teile des Tympanons wurden nach den vorhandenen Fragmenten so genau wie möglich ergänzt (s. Abb. 17).

Den beiden Architekten gelang es, eine umfangreiche Bildhauerwerkstatt einzurichten, in der mittelalterliche Skulpturen nachgeformt wurden. Eine ungeheure Leistung stellte vor allem die Wiederherstellung der Königsgalerie dar, zumal die Stiche von den in der Revolution heruntergestürzten Figuren nur eine unzureichende Vorstellung gaben. Lassus und Viollet-le-Duc führten Zeichnungen als Vorlagen für die Bildhauer aus. Die Skulpturen der Königsgalerie an der Fassade entsprechen daher nur im weitesten Sinn gotischer Formensprache.

Vor allem Viollet-le-Duc, der ab 1857 nach dem Tod von Lassus die volle Verantwortung für die notwendigen Baumaßnahmen übernahm, hat seiner Interpretation der gotischen Architektur und Skulptur gelegentlich freien Lauf gelassen. Dies geschah in Fällen von Planwechseln, die bereits im Mittelalter stattgefunden hatten. So hatte man bei den Bauuntersuchungen am Obergaden von Chor und Querschiff die Rundfenster aufgespürt, die sich ursprünglich über der Empore befanden. Viollet-le-Duc entschied sich, die späteren Veränderungen des 13. Jahrhunderts zu zerstören, um die frühere, jedoch aufgegebene Konzeption des Aufrisses als Rekonstruktion des früheren Zustands anschaulich zu machen (s. Abb. 3). Die bauliche Veränderung des 13. Jahrhunderts wurde somit an wenigen Jochen durch eine Interpretation eines Baubefundes im 19. Jahrhundert preisgegeben. Rückbauten dieser Art sind immer fragwürdig, auch weil sie niemals den ursprünglichen Zustand vollständig wiederherstellen können. Im Mittelalter waren die Rundfenster nicht verglast. Der Eingriff des Architekten in die historisch gewachsene Baugestalt fand keineswegs allgemeine Zustimmung und begründet die scharfe Kritik von Denkmalpflegern an Viollet-le-Ducs Werk bis heute. «Die Vorstellung, das Bauwerk stamme wesentlich aus dem 19. Jahrhundert, erweist sich bei einem ersten Blick zu einem guten Teil als wahr» (Sandron, 2019, 163).

Nur wenige Fachleute werden die Veränderung wahrnehmen, die Lassus und Viollet-le-Duc an der so allgemein bewunderten Südrose vornahmen. Sie war bereits 1725 von Germain Boffrand im Auftrag von Erzbischof de Noailles restauriert worden, allerdings unzureichend. Die Wand und das über der Rose lagernde Gesims hatten sich verschoben, wie auf dem Gemälde von Gärtner zu erkennnen ist. Die beiden Architekten des 19. Jahrhunderts bauten die Rose komplett aus und verstärkten das Rosenrund durch einen gusseisernen Reifen. Vor allem aber drehten sie die Rose, weil eine waagerechte Mittelstrebe stärkeren Halt versprach. Gegenüber der mittelalterlichen Konzeption war auch diese Veränderung ein Eingriff, der die künstlerische Konzeption empfindlich stört. Die Rose verlor an Lebendigkeit, denn sie wurde gleichsam in ihrem optisch erkennbaren Lauf angehalten und festgestellt.

Über die Jahrhunderte hinweg stellte das Strebewerk außen an Chor und Langhaus die Kirche vor große Probleme. Denn durch die brüchig gewordenen Strebebögen und -pfeiler war der Obergaden des Schiffes in Gefahr, das Gewicht von Dach und Gewölbe nicht halten zu können. Immer wieder hatten unbefriedigende Reparaturen stattgefunden. Lassus und Viollet-le-Duc sahen nach genauer Bauaufnahme gute Gründe für eine grundlegende Erneuerung des Strebesystems. Allerdings erlaubten sie sich auch in diesem Zusammenhang Freiheiten, wenn sie die Strebepfeiler mit Ädikulen bekrönten, die die Kathedrale niemals aufgewiesen hatte. Die Aussage, dass es Viollet-le-Ducs Absicht gewesen sei, Notre-Dame nicht nur zu restaurieren, sondern zu vollenden, ist nicht ganz unberechtigt. Eine strengere Auffassung von Denkmalpflege, die das überlieferte Monument nur zu erhalten, aber nicht zu ergänzen fordert, wandte sich später leidenschaftlich gegen die hybriden Veränderungen, die Notre-Dame in der Tat an manchen Stellen zu einem Denkmal des 19. Jahrhunderts umgestalteten.

23 Der Dachreiter auf der Vierung von Notre-Dame im Bau, Fotografie um 1860

Auch für die Errichtung des ungewöhnlich hohen (93 Meter vom Boden aus) und spitzen Dachreiters über der Vierung, der im April 2019 unter den Flammen zusammenbrach, folgte Viollet-le-Duc seinen eigenen künstlerischen Vorstellungen (Abb. 23). Weder für den architektonischen Entwurf noch für die ihn schmückenden monumentalen Skulpturen gab es historische Quellen. Der sehr viel bescheidenere Glockenturm an dieser Stelle war baufällig geworden und 1792 abgerissen worden. Viollet-le-Duc erkannte zu Recht, dass die Kirche über der Vierung einen auch aus der Entfernung sichtbaren Akzent benötigte, zumal die Turmbekrönungen der Westfassade nie ausgeführt worden waren. Er hatte eine Zeichnung der Fassade mit von ihm entworfenen Turmspitzen angefertigt, erschrak aber vermutlich über den völlig veränderten Eindruck, den Notre-Dame geboten hätte, wenn sie ausgeführt worden wären. Das Projekt wurde schnell aufgegeben.

Aber bereits 1843 planten Lassus und Viollet-le-Duc die Errichtung eines hohen Dachreiters über der Vierung. Viollet-le-Duc veränderte nach dem Tod von Lassus 1857 das geplante Projekt und fügte eine Reihe von bronzenen Skulpturen der Apostel mit seinem Porträt als Thomas an. Diese Bronzefiguren sind erhalten, weil sie kurz vor dem Brand von 2019 zur Restaurierung abgenommen wurden.

Der Dachreiter wurde in seiner eleganten Gestalt und umgeben von Skulpturen ein aus der Ferne zu erkennendes Wahrzeichen, ragte er doch weit in die Höhe und über die Westtürme hinaus. Maler, Radierer und Fotografen bevorzugten seit der Mitte des 19. Jahrhunderts den Blick auf die Kathedrale von Süd-Osten. In der wunderbaren Radierung von Charles Méryon erscheint Notre-Dame aus der Entfernung wie eine Gralsburg, in den Proportionen im Verhältnis zu den kleinen Figuren im Vordergrund sogar noch vergrößert. Auch in Henri Rivières um 1900 entstandenen japonistischen Stadtansichten von Paris ragt der Dachreiter als ein Punkt zur Orientierung höher als in Wirklichkeit heraus.

Lassus und Viollet-Le-Duc respektierten die Einbauten von Robert de Cotte für das Gelübde Ludwigs XIII. im Chor nur teilweise. Sie entfernten die Marmorauskleidung des Chorrunds und öffneten die gotischen Arkaden. Das Skulpturenensemble der Pietà und der beiden anbetenden Könige bewahrten sie. Die Statuen stehen allerdings nun isoliert im freien Chorraum, nicht architektonisch in einer dramatisch-barocken Inszenierung umschlossen.

Während der Bauarbeiten unter der Leitung von Viollet-le-Duc wurde auch die Orgel, die die Revolution überlebt hatte, wiederhergestellt und feierlich in Anwesenheit von César Franck, Camille Saint-Saëns und anderen Komponisten im März 1868 eingeweiht. Seitdem gilt Notre-Dame als ein Zentrum der Orgelmusik, an dem bedeutende Musiker wie Louis Vierne und Pierre Cochereau wirkten.

Die neue Sakristei und die Schatzkammer, deren Errichtung nach den Zerstörungen der Julirevolution notwendig geworden war, entstanden in historistischen, neugotischen Formen, nach Lassus und Viollet-le-Ducs Einfühlung in den Stil der französischen Hochgotik. Die Geschichte des Kirchenschatzes ist ein trauriges Kapitel der Kathedrale. Zwar hatten die Könige großzügig kostbare Reliquiare sowie goldene und mit Edelsteinen besetzte Kreuze gestiftet. Aber der Bestand war im Laufe der Jahrhunderte auch als ein Tresor betrachtet worden, aus dem in der Not oder zu Kriegszeiten gelegentlich Stücke entfernt werden konnten. Im 100-jährigen Krieg des 15. und in den Religionskriegen des 16. Jahrhunderts wurden Opfer gebracht und einzelne Goldschmiedearbeiten eingeschmolzen. Selbst Ludwig XV. bediente sich während des Siebenjährigen Krieges des Schatzes.

Die völlige Auflösung der immer noch wertvollen Sammlung an kostbar gefassten Reliquien und liturgischem Gerät vollzog sich jedoch während der Französischen Revolution in zwei Schritten 1792 und 1793. In diesem Prozess gingen die wertvollen goldenen Fassungen, aber nicht alle originalen Reliquien verloren. Die Dornenkrone Christi, die mit anderen besonders verehrten Heiligtümern in der Ste. Chapelle bewahrt war, wurde nach Notre-Dame transferiert. Sie erhielt durch eine Stiftung Napoleons I. eine neues Reliquiar, das sie aber in einem goldenen Kasten vor den Augen der Pilger verbarg. Viollet-le-Duc entwarf ein neues, kostbares, 1862 ausgeführtes und von Napoleon III. gestiftetes, transparentes Gehäuse, in dem sie sich bis heute befindet (s. Abb. I).

Seit dem Empire erhielt Notre-Dame eine erhebliche Anzahl von Stiftungen an Reliquiaren und liturgischem Gerät; doch auch davon ging manches in der Julirevolution von 1830 verloren. Erst der Neubau der Schatzkammer durch Viollet-le-Duc ermöglichte es, die Sammlung zu ordnen und zu präsentieren. Die heutige Schatzkammer ist reich an liturgischem Gerät, Reliquiaren und Gewändern – eine Sammlung, die jedoch im Wesentlichen in den letzten beiden Jahrhunderten entstand.

Die Restaurierung der Kathedrale, für die das Ministerium erhebliche Summen zur Verfügung stellen musste, begann 1844 und konnte nach 20 Jahren abgeschlossen werden. Im Laufe der Jahre wurden die Pläne oft durch neue Entdeckungen abgeändert, was immer höhere staatliche Subventionen erforderte. 1863 weihte Erzbischof Georges Darboy die erneuerte Kathedrale feierlich ein. Mit den Eröffnungsfestivitäten war zwar die Restaurierung der Kirche weitgehend vollendet. Allerdings gingen umfangreiche Bauarbeiten auf dem Vorplatz, dem sogenannten Parvis, weiter, die zu einer Neugestaltung der Quais und der umgebenden Bebauung führten.

Die grundlegende historische Leistung von Lassus und vor allem Viollet-le-Ducs muss aus den Bedingungen seiner Zeit beurteilt werden. Die Kathedrale ist von den besten Kennern der gotischen Architektur der Zeit restauriert worden und damit der Nachwelt erhalten geblieben. Die Meinung, Viollet-le-Duc habe die Kathedrale zu einem Bauwerk des 19. Jahrhunderts umgestaltet, ist nicht ganz unberechtigt, aber übertrieben. Das Urteil wird ihm nicht gerecht, weil es auf später erweiterter historischer, quellenkritischer und technologischer Kenntnis sowie gewandelter ästhetischer Wahrnehmung beruht. Viollet-le-Duc hat, zunächst gemeinsam mit dem wohl umsichtigeren Lassus, an Notre-Dame seine persönliche Interpretation der Gotik durchgesetzt. Auf diese Weise schrieb er sich gleichsam selbst als ein spätgeborener Baumeister in die Geschichte dieses Denkmals ein. Die Erforschung der Gotik fand aber durch seine herausragende, an den Monumenten erarbeitete Kenntnis der mittelalterlichen Architektur eine völlig neue Grundlage. Sein in den Jahren 1854–1868 erschienenes 10-bändiges «Dictionnaire raisonné de l'architecture française du XIe au XVIe siècle» hat die Forschung über die Architekturgeschichte Frankreichs entscheidend geprägt.

In der Diskussion über den Wiederaufbau der Kathedrale nach dem Brand vom April 2019 wird intensiv über die Frage gestritten, ob der Dachreiter rekonstruiert oder in ganz neuer, zeitgenössischer Form entstehen soll. Es gibt gute Gründe dafür, den Entwurf Viollet-le-Ducs wiederherzustellen, ist er doch seit über 150 Jahren längst ein Objekt denkmalpflegerischer Verantwortung geworden. Die Ursache des Feuers waren Bauarbeiten auf dem Dach, zur Restaurierung des Turms. Vor allem aber war er seit dem 19. Jahrhundert ein anerkanntes Zeichen, das Notre-Dame mit einem in den Himmel ragenden Strahl von weitem auszeichnete. Viollet-le-Duc hatte ihn mit den Aposteln umgeben, die die christliche Botschaft in die Welt verbreitet hatten, die unter ihnen in der Kathedrale gefeiert wurde. Der Dachreiter war in seiner architektonischen und ideellen Funktion sowohl ein profanes als auch ein religiöses Symbol von Notre-Dame, ohne das die Kathedrale schwer vorstellbar ist.

Viollet-le-Ducs Wissen beruhte auf genauer Bauanalyse, die er auf positivistische Weise betrieb und deren Ergebnisse er in seinen umfangreichen Publikationen veröffentlichte. Aber er war gleichzeitig kreativer Architekt und im Geiste der Romantik aufgewachsen. Wie auch Victor Hugo deutete er die Entstehung der gotischen Kathedralen als eine Leistung, die durch den Zusammenhalt einer städtischen Gemeinschaft bewirkt worden sei. «Viollet-le-Duc glaubte allen Ernstes, die gotische Kathedrale sei das Manifest eines protorepublikanischen Stadtbürgertums gewesen, das sich mit ihr einen idealen Versammlungsraum nicht nur für kirchliche, sondern auch für weltliche Zwecke errichtet habe. Die bürgerliche Führungsschicht habe, vereint mit den progressiven Kräften des Klerus, das heißt in erster Linie den Bischöfen, die alten feudalen Strukturen aufgebrochen und daher ganz im Sinne der neuen politischen Tendenzen der französischen Monarchie gehandelt» (Kurmann, 2010, 34). In diesem Sinne erneuerte Viollet-le-Duc Notre-Dame auf der Grundlage seiner umfassenden Studien der Gotik, aber auch nach seiner Deutung dieses Stils als Ausdruck einer Bewegung, die von seiner eigenen politischen Gegenwart geprägt war.

Auch wegen seiner malerischen, grotesken und populären Wasserspeier galt Viollet-le-Duc späteren Denkmalpflegern als Fälscher. Im 18. Jahrhundert mussten sie wegen ihres labilen Zustands, manche waren herabgefallen, entfernt und durch Metallrohre ersetzt werden. Da nur noch wenige Reste der ursprünglichen Figuren erhalten waren, entwarfen die beiden Architekten neue, wobei sie sich an den erhaltenen, meist durch Wind und Wetter stark verstümmelten inspirierten. Die modernen, in der Form relativ frei gestalteten Wasserspeier rings um die Kathedrale konnten in einem Programm der Restaurierung noch als Wiederherstellung bezeichnet werden.

Anders verhielt es sich allerdings mit den Chimären, den fratzenhaften teuflischen Tiergestalten, die die Architekten auf die Balustrade des Umgangs um die Türme herum auf der Höhe der Dächer platzieren ließen. 54 groteske Wesen, die gleichsam die literarische, phantastische Vision von Quasimodos unheimlicher Lebenswelt in Hugos Roman illustrierten, bevölkern die Balustrade jeweils an den Ecken. Sie waren eine reine Erfindung von Lassus und Viollet-le-Duc. Die Kathedrale wies an dieser Stelle im Mittelalter keine Skulpturen auf.

Der Aussage Viollet-le-Ducs, mit den Skulpturen sei bis auf ein schmückendes Element keine besondere Bedeutung verbunden, darf man keinen Glauben schenken. Eine genauere Analyse ihrer Formensprache weist vielfältige Parallelen zu zeitgenössischen Karikaturen, aber auch zu Illustrationen in wissenschaftlichen Abhandlungen zur Physiologie, Rassenforschung und Phrenologie auf. Es liegt nahe, die grotesken und hybriden Wesen apotropäisch zu deuten. In diesem Sinne erscheinen sie als Skulpturen an mittelalterlichen Kirchen, um das Gotteshaus vor fremden Geistern zu schützen. Neuere Forschungen haben aber überzeugend ergeben, dass die Architekten mit ihnen ihre Ängste über den politischen, gesellschaftlichen und moralischen Wandel zum Ausdruck bringen wollten. Die pseudo-mittelalterlichen Chimären erleben, von oben auf die Stadt blickend, die Umwandlung von Paris und die Zerstörung der mittelalterlichen Stadt durch den Präfekten, Baron Georges-Eugène Haussmann. Sie nehmen, scheinbar teilnahmslos, die Brutalität der Julirevolution von 1848, die Spekulation in den reichen und die Prostitution in den armen Vierteln der Metropole wahr. «Sie sind Teil der allgemeinen Vorstellung der Großstadt ... so innig mit dem Puls des modernen Paris verbunden wie Baudelaire's Flaneur und Benjamins Arkaden.» (Camille, 2002, XI)

«Le Stryge» (der Streit) wurde der berühmteste teuflische Dämon, der scheinbar verächtlich auf die Stadt Paris hinabblickt. Méryon hat in seiner berühmten Radierung aus dem Jahre 1853 mit dieser fratzenhaften Figur im Vordergrund eine melancholische und gleichzeitig emblematische Ansicht von Paris verbunden (Abb. 24). Nur der gotische Turm der in der Revolution zerstörten Kirche St. Jacques ragt wie ein Mahnmal aus dem Meer der Häuser heraus. Krähen überfliegen die Stadt. Noch sind im Vordergrund Dächer der Altstadt zu erkennen, vierstöckige Neubauten durchziehen jedoch bereits das Quartier der untergehenden mittelalterlichen Stadt. Das Monster auf der Brüstung

24 Ch. Méryon, Le Stryge, Radierung, 1853

wirkt wie eine Galionsfigur eines Schiffes und wehrt Gefahren und Unglück ab. Der märchenhafte und gleichzeitig angsterregende Skulpturenpark über den Dächern von Paris zog die Besucher an. Charles Nègre hielt seinen Freund Henri Le Secq hinter dem Teufel in einer geradezu surreal erscheinenden Fotografie fest (Abb. XVI).

Auch Sigmund Freud besuchte, wie er seinem Tagebuch anvertraute, häufig den Umgang auf Notre-Dame über den Dächern von Paris. Als Student im Jahre 1885 bei dem berühmten Neurologen Jean-Martin Charcot faszinierte ihn der Ausblick, aber ebenfalls die grotesken Wesen, die auf der Balustrade spukten und Ausdruck von Ängsten und Hysterie verkörperten. Bis in das 20. Jahrhundert wirkten die Monster auf Notre-Dame in Karikaturen, Plakaten, Buchillustrationen und Filmen in den modernen Medien weiter, trugen zur Popularität der Kirche bei und waren so nicht unwesentlich dem Tourismus förderlich. Ihre Rolle als verächtliche Beobachter eines Schauspiels des Untergangs spielen sie noch heute.

Notre-Dame wurde nach den grundlegenden Restaurierungen durch Lassus und Viollet-le-Duc bis in unsere Gegenwart nicht mehr entscheidend verändert. Größere Maßnahmen bestanden in Reinigungen, die André Malraux in den 1960er Jahren in ganz Frankreich in Auftrag gab. Sie ließen das durch eine dunkle Schmutzschicht völlig schwarz gewordene Bauwerk plötzlich in hellem Glanz erstrahlen. Dieses Unternehmen blieb allerdings wegen der möglichen Beschädigung der Oberfläche auch nicht unumstritten.

Noch vor Beginn der Bauarbeiten an der Kathedrale war sie am 30. Juli 1842 Schauplatz der Aufbahrung des ältesten Sohnes von Louis-Philippe, Ferdinand, Duc d'Orléans. Der beliebte, als Thronfolger geltende Prinz hatte sich durch militärische

Tapferkeit und Führungsqualitäten in den Feldzügen in Algerien ausgezeichnet. Ganz Frankreich hielt den Atem an, als der 32-Jährige einem Unfall erlag. Er wurde aus seinem Cabriolet geschleudert, als die Pferde in einer Kurve durchgingen. In einer feierlichen Prozession, begleitet von 200 Priestern mit Kerzen in den Händen, wurde der Sarg von Neuilly in die Kathedrale überführt, wo ihm zwei Tage lang unter großer und andächtiger Beteiligung der Bevölkerung die letzte Ehre erwiesen wurde. Die Presse berichtete ausführlich über das Ereignis. Wegen der kurz bemessenen Vorbereitungszeit standen ausreichende schwarze Stoffbahnen nicht zur Verfügung. Die Kathedrale war daher an den Wänden mit schwarzem Papier ausgestattet. Die Arkaden und die in die Gewölbe führenden Dienste blieben weiß, wodurch die gotische Baugestalt besonders zur Geltung kam, wie die Comtesse de Boigne in ihren Memoiren berichtete. Nach der Totenmesse, zwei Tage später, wurde der Sarkophag in die Familienkapelle nach Dreux überführt. Die Aufbahrung des Duc d'Orléans war die letzte königliche Zeremonie in der Kathedrale von Paris.

Louis-Philippe suchte ein gutes Verhältnis mit der katholischen Kirche aufrechtzuerhalten. Doch wuchs in der Julimonarchie eine antiklerikale Orientierung wie auch eine wachsende «Entchristianisierung» der Bevölkerung. Die kirchenpolitischen Auseinandersetzungen, die um die Unabhängigkeit des französischen Klerus gegenüber Rom und dem Staat kreisten, nahmen zu. Der Kirche wurde eine zu enge Bindung an die Wohlhabenden nachgesagt. Weit mehr Frauen als Männer, fast ausschließlich aus den bürgerlichen Schichten, besuchten die Gottesdienste. Der Pariser Erzbischof kämpfte an verschiedenen Fronten. Er bemühte sich einerseits um die Aufrechterhaltung der Privilegien und die würdige Finanzierung der Priester durch das Kultusministerium. Andererseits engagierte er sich in Paris auch für die Arbeiterschaft. 1848 suchte Erzbischof Affre in den Kämpfen der Julirevolution zwischen den Parteien zu vermitteln. Als er mutig eine Barrikade bestieg, traf ihn eine Kugel. Unter großer Anteilnahme der Bevölkerung wurde er in Notre-Dame zu

Grabe getragen; sein monumentales Grabmal in der Kapelle St. Denis verweist auf seinen Opfertod.

Auch der neugewählte Kaiser, Napoleon III., der sich, wohl um Aufruhr zu vermeiden, nicht in der Kathedrale von Paris krönen ließ, suchte in den ersten Jahren seiner Regierungszeit ein enges Verhältnis zum Klerus. Seine Hochzeit mit Eugénie fand in Notre-Dame am 30. Januar 1853 statt, wie auch die Taufe des «Prince Imperial» am 14. Juni 1856. Die Beziehungen des Kaisers zur französischen Kirche wurden jedoch zunehmend belastet durch seine Beteiligung an den Einigungskriegen in Italien, die die päpstliche Vorherrschaft auf Rom einschränkten. Der Klerus war innerlich gespalten, weil die meisten Bischöfe ultramontan orientiert waren und dem Papst folgten, selbst bei der 1870 von Pius IX. erlassenen Bulle der Unfehlbarkeit. Der gallikanisch gesinnte Erzbischof von Paris, Georges Darboy, wehrte sich gegen dieses päpstliche Dogma, so dass er nie in den Kardinalsstand erhoben wurde. Darboy, von Félicité Lamennais' Lehren inspiriert, suchte die Kirche mit einem freiheitlichen Staat zu versöhnen, fand aber mit seiner liberalen Überzeugung bei Pius IX. keine Sympathie.

IV. Die Kathedrale der Republik

Die Trennung von Kirche und Staat

Die Dritte Republik bedeutete für die katholische Kirche eine Epoche der Krise, die sie nur durch einen Prozess der inneren Erneuerung bewältigen konnte. Sie war bis zum Sturz Napoleons III. 1870 trotz der politischen Umbrüche durch Regierungswechsel und Revolutionen Staatskirche geblieben. Ihre hierarchische Struktur und ihre dogmatischen Glaubenssätze standen nun in einer zunehmend atheistischen und antiklerikalen Gesellschaft unter heftiger Kritik, zumal nach dem 1870 verabschiedeten Unfehlbarkeitsdogma des Papstes. Erzbischof Joseph Guibert, seit

1871 im Amt, konnte sich nicht zu dieser Doktrin bekennen und war deshalb vor der Abstimmung aus Rom abgereist.

Immer weniger Gläubige nahmen an den Gottesdiensten teil. Alle Gemeinden in Paris und sogar die Kathedrale Notre-Dame verzeichneten einen dramatischen Rückgang besonders der männlichen Kirchenbesucher, selbst an den höchsten Feiertagen. Die Kirche galt als konservativ und den Anweisungen aus Rom hörig. Der Klerus wurde durch die Sympathie mit den monarchischen und legitimistischen Parteien, die einen erheblichen Teil der Wähler, in den ersten Jahren nach der Kommune sogar die Mehrheit in der Nationalversammlung ausmachten, als republikfeindlich angesehen. Allerdings entwickelte sich im letzten Drittel des 19. Jahrhunderts in Gruppierungen junger Geistlicher, die sich verstärkt sozialen Themen zuwandten, ein kirchenpolitisches Engagement, das Kardinal Guibert förderte. Um die Jahrhundertwende entstanden, gerade in Paris, mehrere neue Kirchenbauten insbesondere in Arbeitervierteln. Im Vergleich zu diesem sozialen Engagement junger Priester wirkte Notre-Dame als unerschütterliche Festung des traditionellen Katholizismus.

Vor allem nach dem Wahlsieg der Republikaner im Jahre 1879 verschärften sich die Auseinandersetzungen über das Verhältnis der katholischen Kirche zum Staat. Durch das Gesetz «Loi Combes» von 1905 kam es zur völligen Trennung von Staat und Kirche. Die parlamentarische Entscheidung entzog den kirchlichen Schulen und Hospitälern die Förderung. Priester erhielten kein Gehalt mehr vom Kultusministerium, das aufgelöst wurde. Als nationales Denkmal blieb Notre-Dame Eigentum des Staates. Die Kirchen wurden durch das Gesetz von 1905 Eigentum der Gemeinden, die Kathedralen dagegen blieben Eigentum des Staates, der damit die Verantwortung für ihre denkmalpflegerische Betreuung behielt. Es blieb aber ein stetiger Kampf mit den Behörden, vor allem in den Départements und Provinzstädten, die konservatorische Betreuung durchzusetzen.

Mit der Dritten Republik veränderte sich somit das Verhältnis von Staat und Kirche grundlegend. Ein Prozess, der sich seit der Aufklärung und der Französischen Revolution in oft zermürbenden Diskussionen hingezogen hatte, fand nun seinen noch heute gültigen Abschluss. Die katholische Kirche besteht seit der Entscheidung des Parlaments 1905 in der Dritten Republik nicht mehr als Staatskirche. Sie kann ihren Kult weiterhin ausüben, aber ist, wie alle anderen Glaubensrichtungen, auf die Finanzierung durch ihre Gemeinden angewiesen.

Die konstitutionelle Neuordnung des Staates spaltete die katholische Kirche in zwei Richtungen: die eine war konservativ, nationalistisch, monarchistisch, in der Dreyfus-Affäre auch antisemitisch orientiert. Dieser «Action Française» unter dem langjährigen Führer Charles Maurras stand eine Jugendbewegung gegenüber, organisiert von Marc Sangnier und propagiert durch die Zeitschrift «Le Sillon» (die Furche), die den Katholizismus mit der Republik versöhnen wollte. Sangnier ging auch auf die kirchenfeindliche, sozialistische Arbeiterschaft zu, beugte sich aber 1910 dem Widerspruch des Papstes Pius X. In diese Auseinandersetzungen war selbstverständlich der Erzbischof der Hauptstadt Paris, Kardinal François-Marie Richard de la Vergne, miteinbezogen. Eher monarchisch gesinnt, suchte er zu vermitteln und die verschiedenen Richtungen zusammenzubinden, scheiterte aber ebenfalls am päpstlichen Widerspruch.

Notre-Dame stand immer wieder im Zentrum dieser Auseinandersetzungen. Denn der Staat bediente sich weiter dieses Monuments für herausragende zeremonielle Ereignisse, zu Lasten etwa der religiösen Feiertage und Gottesdienste, die in Erinnerung der Gelübde der Monarchen des Ancien Régime durchgeführt wurden. Die Feiern zum Ex-Voto Ludwigs XIII. fanden nun nicht mehr statt, aber die jährliche Messe zu Beginn der Sitzungen der Kammern am Tag des «Ordre de Saint-Esprit» wurde noch 1876 abgehalten. Kardinal de la Vergne wusste jedoch als Erzbischof von Paris seine französischen Bischofskollegen in der Auseinandersetzung über die Auflösung kirchlicher Einrichtungen, nicht zuletzt der katholischen Schulen, hinter sich zu bringen. Auch lehnte er das sogenannte ralliement (den Anschluss), eine Einigung mit den Behörden der Dritten Republik, die Kardinal Charles Martial Lavignerie vorgeschlagen hatte, strikt ab. Die Kirchenpolitik des Erzbistums Paris stand konsequent der Trennung von Staat und Kirche entgegen, allerdings ohne Erfolg.

Nationalkirche

Noch vor dem heiß umkämpften Gesetz von 1905 wurde Notre-Dame in eine Art Nationalkirche verwandelt. Nicht mehr die Hochzeiten und Totengedenken der Monarchen wurden hier zelebriert, sondern die Aufbahrung ausgewählter «Grands Hommes», der für die Nation verdienten Bürger. Der erste Präsident der Dritten Republik, Thiers, wurde erst am 3. September 1878, ein Jahr nach seinem Tod, durch eine Totenmesse in Notre-Dame geehrt. Am 24. Juni 1894 fiel Präsident Marie François Sadi Carnot in Lyon einem Anschlag zum Opfer. Sein Katafalk wurde am 1. Juli die Champs-Élysées hinabgefahren und anschließend in Notre-Dame aufgebahrt, ehe man den Sarg im Pantheon beisetzte.

1895 wurde dem berühmten Chemiker Louis Pasteur die Ehre erwiesen, in der Kathedrale in Anwesenheit aller staatlichen Würdenträger aufgebahrt zu werden, bevor er nicht in Notre-Dame und auch nicht im Pantheon, sondern in einer Krypta unter dem nach ihm benannten Institut in Paris beigesetzt wurde. Diese Auszeichnung eines Wissenschaftlers blieb aber eine Ausnahme. Bedeutenden Feldherren und Politikern, die sich für die Verteidigung der Nation verdient gemacht hatten, wurde jedoch eine aufwendige Aufbahrung in Notre-Dame gewährt. Notre-Dame blieb somit auch im 20. Jahrhundert Schauplatz staatstragender öffentlicher Zeremonien.

Dichterische Inspiration und Deutung der Kathedrale

Die meisten Dichter und Schriftsteller der zweiten Hälfte des 19. Jahrhunderts teilten Victor Hugos leidenschaftliche Begeisterung für die Kathedrale Notre-Dame und für die Gotik. Dabei reagierten sie besonders auf die gotische Formensprache, das pittoreske Gewirr von Streben und Pfeilern sowie die grotesken Wasserspeier und die von Viollet-le-Duc hinzugefügten pseudo-mittelalterlichen Skulpturen auf der Höhe der Dächer. War für Hugo der Außenbau als monumentales Denkmal in der Enge der mittelalterlichen Stadt das entscheidende Erlebnis, entdeckten Schriftsteller, Dichter und Künstler im Fin de Siècle die Weihe des langgestreckten erhabenen Innenraums in dunklem, kaleidoskopartigem, mystischem Licht. Schon Gérard de Nerval sah in romantischen Versen den Untergang des Bauwerks voraus, eine Ruine «comme l'ombre d'un mort» (wie der Schatten eines Toten). Diese melancholische Stimmung findet sich auch bei den symbolistischen Dichtern in der zweiten Hälfte des 19. Jahrhunderts.

Die eindringlichste Inspiration der Gotik erfuhr jedoch Joris-Karl Huysmans, der auch unter dem Eindruck der Kathedralen zum katholischen Glauben fand und sich am Ende seines Lebens sogar zum Eintritt in ein Kloster entschied. Seinen Roman «Die Kathedrale», erschienen 1898, widmete er zwar wesentlich Chartres, aber auch Notre-Dame in Paris beschrieb er 1899. Im Gegensatz zu Chartres, Reims und Amiens hielt er mit seinem negativen Urteil über die Pariser Kathedrale nicht zurück. Sie sei kalt und vermittle Unbehagen. Immer wieder sei sie verändert worden und habe dadurch ihre originale Gestalt verloren. Der Lettner sei abgerissen, der Chor verunstaltet, durch die helle Verglasung aus dem 18. Jahrhundert habe das Gotteshaus seine Wirkung völlig eingebüßt und die Skulpturen seien neu und ausdruckslos. Im Übrigen sei sie menschenleer und werde nur gelegentlich von englischen Touristen besucht, die sich auch noch respektlos verhielten.

Diesem negativen Urteil setzten andere Schriftsteller und Dichter ihre visionäre Erfahrung in Notre-Dame entgegen, die sie zum Glauben zurückführte. Nach einem dramatischen und verzweifelten Leben als Bohémien schrieb Paul Verlaine, von dem Besuch des Gotteshauses ergriffen, Verse über Hoffnung und Seelenfrieden. Im Jahre 1886 war Paul Claudel in Notre-Dame an den Stufen des Altars, während das Magnificat erklang, so bewegt, dass er zum Glauben zurückfand. Claudel, der in seiner schriftstellerischen Arbeit den Katholizismus ins Zentrum rückte, wurde 1955 sogar durch Aufbahrung in der Kathedrale geehrt. Und schließlich berief sich der Dichter Charles Péguy in den Jahren vor dem Ersten Weltkrieg, in dem er gleich zu Beginn tragischerweise fallen sollte, in seinen Gedichten immer wieder auf seine spirituelle religiöse Erfahrung in Notre-Dame. In einer Epoche des wirtschaftlichen Aufbruchs in der Dritten Republik, weit verbreiteter positivistischer Weltanschauung und der Trennung von Kirche und Staat galt das Gotteshaus im Herzen der Île-de-la-Cité in Paris gegen alle Glaubenszweifel auch weiterhin als ein fester Anker für Frankreichs Katholiken.

Für Péguy, wie für viele Zeitgenossen, bedeutete allerdings die Kathedrale von Chartres in der Reinheit ihrer hochgotischen Architektur das noch intensivere ästhetische und spirituelle Erlebnis. Notre-Dame in Paris konnte durch die früh- und hochgotischen Bauteile, vor allem aber durch die aus dem 18. Jahrhundert stammenden hellen Glasfenster nicht die mystische Erfahrung bieten, die gerade die Dichter und Schriftsteller um 1900 in Chartres beeindruckte.

Während Dichter und Schriftsteller ihre Inspiration und Erfahrung in Notre-Dame zum Ausdruck brachten, gewann eine neue wissenschaftliche Bearbeitung der gotischen Kathedralen eine ungewöhnliche Popularität. In seinem 1899 erschienenen, grundlegenden Werk «L'art réligieux du XIIIe siècle en France: étude sur l'iconographie du moyen âge et sur ses sources d'inspiration» vermittelte Émile Mâle seinen Lesern, wie die Bildprogramme der Kathedralen zu verstehen seien. Seine auf mittelalterlichen Quellen beruhenden Analysen veranschaulichten, dass die Skulpturen der Eingangsportale, die Bilder der Kirchenfenster, die Form der Rosen, die Themen der Kapitelle in einem innerlichen Zusammenhang stehen und die christlichen Glaubensinhalte erzählerisch und programmatisch zum Ausdruck bringen. Diese Einsicht des Gelehrten öffnete den Zeitgenossen und der kunsthistorischen Forschung des 20. Jahrhunderts ein völlig neues Verständnis für die mittelalterlichen Kathedralen. Auch Marcel Proust war ein begeisterter Leser des Buches.

Vom Ersten zum Zweiten Weltkrieg

Im September 1914 hielt Paris, Frankreich, ja die ganze Welt den Atem an. Die deutsche Armee hatte die Kathedrale von Reims beschossen und in Brand gesetzt. Der Dachstuhl brannte völlig aus.

Nur der Untergang der Titanic 1912 hatte ein vergleichbares Medienereignis ausgelöst. Dem Deutschen Reich wurde die bewusste Zerstörung dieses Bauwerks, in dem seit Jahrhunderten die französischen Könige gesalbt und gekrönt wurden, als ein unvorstellbarer Akt der Barbarei vorgeworfen. In Paris fürchtete man den Einmarsch der feindlichen Truppen. Die Regierung verließ die Hauptstadt und wich nach Bordeaux aus. Vorbereitungen zum Schutz der Denkmäler wurden getroffen. Nach der Zerstörung wesentlicher Skulpturen der Fassade in Reims sollten Sandsäcke die Westportale in Paris schützen. Allerdings erreichte die Deutsche Armee nach der verlorenen Marne-Schlacht die französische Hauptstadt bis zum Ende des Kriegs nicht. Eine Fliegerbombe traf allerdings im Oktober 1914 das Dach von Notre-Dame, tötete vier Personen, richtete aber an dem Bauwerk nur wenig Schaden an. Sie löste vor allem kein Feuer aus.

Nach dem Ersten Weltkrieg behielt Notre-Dame die Funktion als Bedeutungsträger nationaler Geschichte. In diesem Sinne organisierten Regierung und Kirche staatstragende Zeremonien, wie das Te Deum zum siegreichen Kriegsende am 17. November 1918. Allerdings hielten sich Präsident und Minister bei diesem Ereignis fern, um die Trennung von Kirche und Staat zu respektieren. Mit großem Aufwand wurde am 26. März 1929 Marschall Ferdinand Foch in Notre-Dame aufgebahrt, dann 1934 Präsident Raymond Poincaré, an dessen Totenmesse alle verantwortlichen Staatsmänner teilnahmen. Diese Tradition wird mit den Totenmessen für die Präsidenten de Gaulle (1970), Pompidou (1974) und Mitterand (1996) bis in unsere Gegenwart beibehalten.

Das Ende des Zweiten Weltkriegs hätte für Paris und alle bedeutenden Gebäude der Stadt, auch Notre-Dame, zu einer Katastrophe führen können. Aber General Dietrich von Choltitz und General Hans Speidel ignorierten den Führerbefehl zur völligen Zerstörung von Paris vom 23. August 1944. Nur drei Tage später konnte Charles de Gaulle am 26. August 1944 mit seinen Truppen in die Hauptstadt einziehen. Sie marschierten, ein bewegender historischer Moment am Ende des Zweiten Weltkriegs, die Champs-Élysées hinab bis zur Kathedrale Notre-Dame (Abb. 25, 26). Als de Gaulle vor der Fassade ankam, waren plötzlich Schüsse zu hören. Der General ließ sich jedoch nicht beirren, gab einige Anweisungen und betrat die Kirche zu einem Dankgottesdienst. Ein feierlicher Staatsakt zum Ende der deutschen Besetzung und des Zweiten Weltkriegs wurde am 9. Mai 1945 unter großer Anteilnahme der Bevölkerung in der Kathedrale gefeiert.

15. April 2019

Offenbar löste ein technischer Fehler am 15. April 2019 bei Bauarbeiten ein verheerendes Feuer aus, bei dem der noch originale Dachstuhl des Mittelalters, «la forêt» (der Wald) genannt, völlig ausbrannte und der von Viollet-le-Duc errichtete Dachreiter zusammenbrach. Kurz zuvor waren gewaltige Stahlgerüste über dem Langhaus errichtet worden, um Restaurierungen an Dach und Turm vorzunehmen. Die gusseisernen Skulpturen hatte man wenige Tage vor dem Brand zur Restaurierung in ein Depot gebracht. Das Feuer breitete sich mit großer Schnelligkeit aus,

25/26 Ankunft von General de Gaulle vor Notre-Dame am 26. August 1944

brachte das Stahlgerüst teilweise zum Schmelzen, wodurch einzelne Rohre, aber auch glimmende Balken des Dachstuhls das Gewölbe durchbrachen und in den Innenraum hinabstürzten. Die von allen Seiten eingetroffene Feuerwehr löschte mit großer Umsicht. Zwar wurden erhebliche Wasserstrahlen auf das Feuer gelenkt, aber wegen der Gefahr des völligen Einsturzes der Mauern verzichteten die Fachleute auf den Einsatz von schweren Wassermengen durch Hubschrauber. Im Gegensatz zu dem Brand der Kathedrale von Reims, bei dem der größte Teil des Gewölbes in das Innere des hochgotischen Schiffes stürzte, entstanden in Paris nur zwei immerhin gewaltige Löcher, eins im Vorchor, das andere in der Vierung (Abb. XVII). Nach der Inspektion des Inneren ergab sich, dass der Brand des Dachstuhls und die herabstürzenden Balken nur begrenzten Schaden am Inventar der Kathedrale verursacht hatten. Alle Kunstwerke können durch sachgerechte Restaurierung wiederhergestellt werden.

Die Instandsetzung der Kathedrale wird einen bisher noch nicht klar zu bestimmenden Zeitraum in Anspruch nehmen. Die ungewöhnliche internationale Solidarität, die sich in einer einzigartigen Spendenbereitschaft artikulierte, wobei mehrere Großspenden von französischen Unternehmen den wesentlichen Teil der Finanzierung der Kathedrale bilden werden, erlaubt vermutlich die Wiederherstellung ohne staatliche Intervention. Dieser Umstand ist ein deutlich sichtbares Symbol. Es vergegenwärtigt einerseits, wie es vor allem den modernen Bildmedien gelingen kann, eine globale Anteilnahme an einem solchen dramatischen Ereignis zu bewirken. Andererseits repräsentiert das allgemeine, weltweite Entsetzen über die Vorgänge aber auch, welch charismatische Ausstrahlung die Kathedrale Notre-Dame in der französischen Hauptstadt nach wie vor genießt.

Sicherlich spielt die allgemeine Sympathie für Frankreich in einem Moment der Bedrohung eines so bedeutenden nationalen Monuments eine entscheidende Rolle für die Empathie der Weltbevölkerung. Aber natürlich begründen nicht zuletzt die Schönheit der gotischen Architektur und die historische Rolle, die die Kathedrale in der Geschichte spielte, ihre Ausstrahlung. Der Weg nach Notre-Dame auf die Île-de-la-Cité führt in das

Zentrum Frankreichs. Bis heute werden die Kilometerentfernungen auf den Straßenschildern in alle Städten des Landes von dem Vorplatz von Notre-Dame aus berechnet!

Gläubige und Besucher

13 Millionen Besucher jährlich drängten in den letzten Jahren in die Kathedrale. Warum suchten sie Notre-Dame auf? Zwei Gruppen, die unterschiedliche Motive ihres Besuches leiten, sind leicht zu erkennen. Die Gläubigen, die an den Messen teilnehmen oder zu einem Gebet die Kirche betreten, bilden einen Teil. Sie dürfen in das Hauptschiff eintreten, sich setzen, um das gotische Langhaus in seiner seit Jahrhunderten ungebrochenen Ausstrahlung zu bewundern und als Ort besinnlicher Einkehr zu nutzen. Der Chor in der Ferne mit den Skulpturen des Gelübdes von Ludwig XIII., den Kerzen, dem Chorgestühl, dem modernen Hauptaltar in der Vierung bietet sich als das Zentrum und der heiligste Ort des Bauwerks dar. Den zweiten Teil der Besucher bilden die Touristen. Sie werden bereits am Eingang freundlich auf die südliche Seite gewiesen. Sie ziehen dann wie ein Pilgerzug durch die Seitenschiffe, durchschreiten das Querhaus und gehen von Süden um den Chor herum und durch die nördlichen Seitenschiffe zum westlichen Ausgang zurück. Sie können kaum innehalten durch den Druck der Nachfolgenden. Der durchschnittliche Besucher verweilt kaum länger als 20 Minuten in der Kathedrale.

Notre-Dame verkörpert über 850 Jahre dramatische französische und europäische Geschichte. Muss man sie kennen, um einen Besuch zu einem Erlebnis zu machen? Sicher nicht! Notre-Dame ist eine Kirche, die zum Gottesdienst einlädt und allen offensteht, welcher Glaubensrichtung und welcher Kultur sie oder er auch angehören. Von Kardinal Jean-Marie Lustiger, als Kind aus Polen dem Holocaust entkommen, als junger Mann in Frankreich zum Katholizismus konvertiert, stammt der Satz, der nach seinem Tode auf einer Tafel in Notre-Dame angebracht wurde: «Ich bin als Jude geboren. Ich trage den Namen meines Großvaters väterlicherseits, Aron. Christ geworden durch den Glauben und die Taufe, bin ich Jude geblieben, wie auch die

Apostel Juden geblieben sind.» Mit dieser Widmung lädt die Kathedrale als ein Zentrum des französischen Katholizismus ihre Besucher auch als ein Ort der Toleranz ein.

Notre-Dame wurde im Jahre 1163 gegründet. Die Geschichte von über 850 Jahren ist, wie Victor Hugo 1831 in seinem berühmten Roman formulierte, in die Steine des Bauwerks wie in ein Buch eingeschrieben. Als Monument verkörpert es mehr als ein Gotteshaus, nämlich die Nation in ihrem Gang durch die Jahrhunderte in all ihren glücklichen Zeiten und bedrohten Momenten. Man kann sich Paris nicht ohne diese Kathedrale vorstellen. Das Bauwerk an diesem Ort ist ein Erinnerungsort der französischen, der europäischen, ja der Weltgeschichte. Jeder Tourist möchte das Erlebnis, Notre-Dame gesehen zu haben, mit sich nehmen.

Seit dem Mittelalter waren die Kirchen, nicht zuletzt wegen der in ihnen bewahrten Reliquien, Orte, die die Pilger in der Hoffnung auf religiösen Beistand und auf Erlösung im Jenseits aufsuchten. Als Bewahrer kultureller und künstlerischer Werke und durch ihre architektonische Gestaltung wurden die Gotteshäuser jedoch im Laufe der Jahrhunderte auch zu Sehenswürdigkeiten und zu Museen. Ausführliche Publikationen halfen den Besuchern seit dem 17. Jahrhundert, die historisch und kunsthistorisch bedeutsamen Werke zu verstehen. Nicht nur die Andacht, sondern auch das Erlebnis von Geschichte und ästhetischer Einzigartigkeit der Kunstwerke motiviert die Besucher.

Die Bilder des Brandes von Notre-Dame im April 2019 lösten nicht nur in Frankreich, sondern in der globalisierten medialen Welt eine große emotionale Anteilnahme aus. Eine Kirche, ein Nationalmonument und ein Museum wie Notre-Dame in Paris, so die Botschaft dieser internationalen Zuwendung, ist Teil der Weltkultur, an der alle Menschen teilhaben. In die Liste der herausragenden und zu schützenden Denkmäler der UNESCO wurde die Kathedrale 1979 aufgenommen. Sie ist somit nicht nur ein Denkmal Frankreichs, sondern steht unter dem Schutz aller Nationen, da sie bis in unsere Gegenwart, dies ist der Sinn dieser Auszeichnung, einen wichtigen Teil der Menschheitsgeschichte repräsentiert.

Ausgewählte Literatur

Marcel Aubert, Notre-Dame de Paris, sa place dans l'architecture du XIIe au XIVe siècle, Paris 1920

Marcel Aubert, Notre-Dame de Paris, Architecture et Sculpture, Paris o. J.

Pierre-Marie Auzas, Les grandes heures de Notre-Dame de Paris, Paris 1951

John W. Baldwin, Paris 1200, Paris 2006

Laurent Baridon, L'Imaginaire scientifique de Viollet-le-Duc, Paris 1996

Françoise Bercé, Viollet-le-Duc, Paris 2013

Bruno Boerner, Par caritas par meritum, Studien zur Theologie des gotischen Weltgerichtsportals in Frankreich – am Beispiel des mittleren Westeingangs von Notre-Dame in Paris, Freiburg Schweiz 1998

Jean Bony, French Gothic Architecture of the 12th and 13th Centuries, Berkeley 1983

Robert Branner, Saint Louis and the Court Style in Gothic Architecture, London 1965

Martin Bressani, Architecture and the historical imagination: Eugène-Emmanuel Viollet-le-Duc, 1814–1879, Farnham 2014

Caroline Bruzelius, The Construction of Notre-Dame de Paris, in: Art Bulletin, 69, 1987, S. 540–569

Michael Camille, The Gargoyles of Notre-Dame, Medievalism and the Monsters of Modernity, Chicago und London 2009

Alain Erlande-Brandenburg, Les sculptures de Notre-Dame de Paris au musée de Cluny, Paris 1982

Alain Erlande-Brandenburg, La Cathédrale, Paris 1989

Alain Erlande-Brandenburg, Notre-Dame in Paris, Geschichte – Architektur – Skulptur, Freiburg, Basel, Wien 1992

Alain Erlande-Brandenburg, Jean-Michel Leniaud, François Loyer, Christian Michel (Hg.), Autour de Notre-Dame, Action Artistique de la Ville de Paris, Paris 2003

Pierre du Colombier, Notre-Dame de Paris, Mémorial de la France, Paris 1966

Georges Duby, Die Zeit der Kathedralen, Kunst und Gesellschaft, 980–1420, Frankfurt 2015

Christian Freigang, Notre-Dame in Paris, in: Uwe A. Oster (Hg.), Die großen Kathedralen, Gotische Baukunst in Europa, Darmstadt 2003, S. 19–58

Antoine-Pierre-Marie Gilbert, Description historique de la basilique métropolitaine de Paris, Paris 1821

Adrien Goetz, Notre-Dame de l'Humanité, Paris 2019

Carmen Gomez-Moreno, Sculpture from Notre-Dame Paris: A Dramatic Discovery, Metropolitan Museum, New York 1979

Steffen Haug, Gregor Wedekind (Hg.), Die Stadt und ihre Bildmedien, Das Paris des 19. Jahrhunderts, Paderborn 2018

Eva Hausdorf, Monumente der Aufklärung, Die Grab- und Denkmäler von Jean-Baptiste Pigalle (1714–1785) zwischen Konvention und Erneuerung, Berlin 2009

Johann Georg Prinz v. Hohenzollern, Die Königsgalerie der französischen Kathedrale, Herkunft, Nachfolge, München 1965

Victor Hugo, Notre-Dame de Paris 1482, Préface Adrien Goetz, Édition établie et annotée Benedikte Andersson, Paris 2009

Victor Hugo, Der Glöckner von Notre-Dame, Fischer Klassik, übersetzt von Hugo Meier, Frankfurt 2012

Dieter Kimpel, Die Querhausarme von Notre-Dame zu Paris und ihre Skulpturen, Bonn 1971
Dieter Kimpel, Robert Suckale, Die gotische Architektur in Frankreich, 1130–1270, München 1985
Katharina Krause, Der «Voeu de Louis XIII», Die Chorausstattung von Notre-Dame in Paris unter Ludwig XIV, München 1989
Peter Kurmann, Viollet-le-Duc und die Vorstellung einer idealen Kathedrale, in: Eugène Emmanuel Viollet-le-Duc, Stiftung Bibliothek Werner Oechslin, Einsiedeln, Berlin 2010
Ségolène Le Men, La Cathédrale illustrée de Hugo à Monet, Paris 1998
Jean-Michel Leniaud, Notre-Dame, temple de la religion nationale (XIXe siècle), in: Notre-Dame de Paris, 1163–2013, Actes du colloque scientifique 2012, Turnhout 2013, S. 48–56
Catherine Maire, L'Église dans l'État, Politique et religion dans la France des Lumières, Paris 2019
Émile Mâle, L'art religieux du XIIIe siècle en France: Étude sur l'iconographie du moyen âge et sur ses sources d'inspiration, Paris 1898
Dom Bernard de Montfaucon, Les Monumens de la monarchie françoise, 5 Bde. Paris 1729–33
Annick Notter (Hg.), Les Mays de Notre-Dame de Paris, Arras 1999
Dominique Poulot, Musée, nation, patrimoine, 1789–1815, Paris 1997
Roland Recht (Hg.), Les Bâtisseurs des Cathédrales, Straßburg 1989
Roland Recht (Hg.), Victor Hugo et le débat patrimonial, Paris 2003
Roland Recht, Revoir le Moyen Âge, La pensée gothique et son héritage, Paris 2016
Dany Sandron, La Galerie des Rois de Notre-Dame de Paris, in: Commission du Vieux-Paris, Procès-verbaux, 5. Mai 2002, S. 10–15
Dany Sandron, Notre-Dame, une architecture diocésaine et royale, in: Notre-Dame de Paris, 1163–2013, Actes du colloque scientifique 2012, Turnhout 2013, S. 29–35
Dany Sandron, Andrew Tallon, Notre-Dame de Paris, Paris 2019
Willibald Sauerländer, Die kunstgeschichtliche Stellung der Westportale von Notre-Dame, in: Marburger Jahrbuch für Kunstwissenschaft, Bd. 17, 1959, S. 1–56
Willibald Sauerländer, Gotische Skulptur in Frankreich, 1140–1270, München 1970
Willibald Sauerländer, Zu den Neu Gefundenen Fragmenten von Notre-Dame in Paris, in: Kunstchronik, 30. Jahrgang, Juli 1977, Heft 7, S. 297–302
Henri Sauval, Histoire et recherches des antiquités de la ville de Paris, Paris 1724
Martin Schieder, Jenseits der Aufklärung, Die religiöse Malerei im ausgehenden Ancien régime, Berlin 1997
Jean-Philippe Schmit, Les Églises gothiques, Paris 1837
Otto von Simson, Die gotische Kathedrale, Beiträge zu ihrer Entstehung und Bedeutung, Darmstadt 1968
Pascal Tonazzi, La grande histoire de Notre-Dame dans la littérature, Paris 2019
Cardinal André Vingt-Trois (Hg.), Notre-Dame de Paris, La Grâce d'une cathédrale, Straßburg 2012 (die umfangreichste Darstellung der Geschichte von und der Forschung über Notre-Dame in einzelnen Aufsätzen verschiedener Autoren)
Eugène-Emmanuel Viollet-le-Duc, Dictionnaire raisonné de l'architecture française du XIe au XVIe siècle, 10 Bde., 1854–1868
Wilhelm Vöge, Die Anfänge des monumentalen Stiles im Mittelalter, München 1988
Françoise Waquet, Les Fêtes Royales sous la Restauration ou l'Ancien Régime retrouvée, Genf 1981
Craig M. Wright, Music and Ceremony at Notre-Dame of Paris 500–1550, Cambridge 1989

Bildnachweis

Notre-Dame de Paris, hg. von Cardinal André Vingt-Trois: 1 (Photo P. Deliss/Godong), 3 (Coll. Laurent Prades), 4 (Photo Pascal Lemaître), 7 (Médiathéque du Patrimoine), 10 (Musée de Cluny © RMN/Gérard Blot), 11 (Photo Pascal Lemaître), 12 (Archives de la Cathédrale), 13 (Archives de la Cathédrale), 17 (Coll. Laurent Prades), 18 (Photo Pascal Lemaître), 23 (Ministère de la Culture – Médiathèque du Patriomoine, Dist. RMN/Image RMN), I (Photo Martine Beck Coppola), II (Parigramme/Cartographie B. Loisel), III (Photo Pascal Lemaître), V (The Metropolitan Museum of Art, Dist. RMN/Image of the MMA), VIII (Photo Pascal Lemaître), IX (Musée des Beaux-Arts de Caen, Martine Seyve Photographe), X (Musée Carnavalet/Roger-Viollet), XII (Bibliothèque Nationale de France), XV (Coll. Ancien Musée Notre-Dame)

akg-images, Berlin: 2 (Manuel Cohen), 5 (Hervé Champollion), 6 (Alain Le Toquin), 8 (François Guénet), 9 (Hervé Champollion), 22 (Gilles Mermet), 24 (Liszt Collection), XIII (Erich Lessing)

Gallica/BNF, Paris: 14 (ark:/12148/btv1b8406582h), IV (ark:/12148/btv1b10303306b)

Bridgeman Images, Berlin: 15 (Granger), 19

bpk, Berlin: 16 (RMN-Grand Palais/Gérard Blot), 20 (adoc-photos), 25 (Jean-Marie Marcel/adoc-photos), VI (RMN – Grand Palais/Christian Jean/Jean Schormans), VII (Hamburger Kunsthalle/Elke Walford), XIV (Stiftung Preußische Schlösser und Gärten Berlin-Brandenburg/Roland Handrick), XVI (RMN – Grand Palais/Charles Nègre)

ullstein bild, Berlin: 21 (United Archives)

Fondation Charles de Gaulle, Paris: 26

J. Paul Getty Museum, Los Angeles: XI

Larousse Encyclopédie: XIII

Picture Alliance: XVII (AP Photo/Christophe Petit Tesson)